和谐校园文化建设读本

中小学教师素质15讲

赵灵均　胡昕瑛/编著

吉林教育出版社

图书在版编目(CIP)数据

中小学教师素质 15 讲 / 赵灵均，胡昕瑛编著. 一 长春：吉林教育出版社，2012.6（2022.5重印）
（和谐校园文化建设读本）
ISBN 978－7－5383－9011－7

Ⅰ. ①中… Ⅱ. ①赵… ②胡… Ⅲ. ①中小学－教师素质－研究 Ⅳ. ①G451.6

中国版本图书馆 CIP 数据核字（2012）第 116281 号

中小学教师素质 15 讲　　　　　　　　　　　　　赵灵均　胡昕瑛　编著

策划编辑　刘　军　　潘宏竹

责任编辑　刘桂琴　　　　　　　　　　　　　　**装帧设计**　王洪义

出版　吉林教育出版社（长春市同志街 1991 号　邮编 130021）

发行　吉林教育出版社

印刷　北京一鑫印务有限责任公司

开本　710 毫米×1000 毫米　1/16　　13 印张　　**字数**　165 千字

版次　2012 年 6 月第 1 版　2022 年 5 月第 3 次印刷

书号　ISBN 978－7－5383－9011－7

定价　39.80 元

编 委 会

主　　编：王世斌

执行主编：王保华

编委会成员：尹英俊　尹曾花　付晓霞

　　　　　　刘　军　刘桂琴　刘　静

　　　　　　张　瑜　庞　博　姜　磊

　　　　　　潘宏竹

　　　　　　（按姓氏笔画排序）

总 序

千秋基业，教育为本；源浚流畅，本固枝荣。

什么是校园文化？所谓"文化"是人类所创造的精神财富的总和，如文学、艺术、教育、科学等。而"校园文化"是人类所创造的一切精神财富在校园中的集中体现。"和谐校园文化建设"，贵在和谐，重在建设。

建设和谐的校园文化，就是要改变僵化死板的教学模式，要引导学生走出教室，走进自然，了解社会，感悟人生，逐步读懂人生、自然、社会这三部天书。

深化教育改革，加快教育发展，构建和谐校园文化，"路漫漫其修远兮"，奋斗正未有穷期。和谐校园文化建设的研究课题重大，意义重要，内涵丰富，是教育工作的一个永恒主题。和谐校园文化建设的实施方向正确，重点突出，是教育思想的根本转变和教育运行机制的全面更新。

我们出版的这套《和谐校园文化建设读本》，全书既有理论上的阐释，又有实践中的总结；既有学科领域的有益探索，又有教学管理方面的经验提炼；既有声情并茂的童年感悟，又有惟妙惟肖的机智幽默；既有古代哲人的至理名言，又有现代大师的谆谆教诲；既有自然科学各个领域的有趣知识，又有社会科学各个方面的启迪与感悟。笔触所及，涵盖了家庭教育、学校教育和社会教育的各个侧面以及教育教学工作的各个环节，全书立意深邃，观念新异，内容翔实，切合实际。

我们深信：广大中小学师生经过不平凡的奋斗历程，必将沐浴着时代的春风，吸吮着改革的甘露，认真地总结过去，正确地审视现在，科学地规划未来，以崭新的姿态向和谐校园文化建设的更高目标迈进。

让和谐校园文化之花灿然怒放！

本书编委会

目录

上篇 理论探索

下篇 实践研究

上篇 理论探索

第一讲 国际教育新理念

教育理念是指导教育行为的思想观念和精神追求。任何教育行为都应以教育理念为指导,教育教学理念贯穿于教育教学的全过程。一位成功的教师,必须站在社会发展的高度,以时代的特点为背景,以现有教育教学理念为起点,以国外先进的教育教学理念为借鉴,及时汲取当代最新教育理念,提升自己的教师素质。

现代学校教育的根本任务在于使学习者学会如何学习,学会如何工作,学会如何合作以及学会如何生存。随之带来的国际教育新理念有终生教育、合作教育、创新教育、多元智力理论、后现代主义教育、环境教育、全民教育等。

第一节 终身教育

一、朗格朗的终生教育理念

俗话说:"活到老学到老。"

终身教育作为一种思潮最早形成于 20 世纪 60 年代,1965 年由法国成人教育家保罗·朗格朗提出,立即引起世界范围内的轰动。

终身教育是当今世界一种重要的国际性教育思潮。由联合国教科文组织编写的《学会生存——教育世界的今天和明天》中指出:"每个人必须终生连续不断地学习。终身教育是学习化社会的基石。"

赫尔梅认为:可以与哥白尼学说带来的革命相媲美的终身教育概念的发展,是教育史上最惊人的事件之一。

实际上,终身教育即人们在一生各阶段当中所受各种教育的总和,是人所受不同类型教育的统一综合,是贯穿于人一生的教育形态。包括教育体系的各个阶段和各种方式,既有学校教育,又有社会教育;既有正规教育,也有非正规教育。主张在每一个人需要的时刻以最好的方式提供必要的知识和技能。终身教育思想成为很多国家教育改革的指导方针。

法国成人教育家保罗·朗格朗在《论终生教育》中指出:"教育并非终止于儿童期和青年期,它应伴随人的一生而持续地进行。教育应当借助这种方式,满足个人及社会的永恒要求。这种想法近年来逐渐在人们心中扎根。这样,终身教育便作为教育专业术语为人们所接受了。"美国已于 1976 年通过了《终身学习法》,日本已于 1990 年颁布了《关于终身学习振兴措施与推进体制等的整备法律》,简称《终身学习振兴法》。韩国则于 80 年代初把终身教育写进了宪法,并开始实施终身教育政策。联邦德国、瑞典、加拿大等许多国家也针对终身教育颁布了相应的法律。

我国于 1995 年 3 月 18 日颁布的《中华人民共和国教育法》第 11 条规定,国家要"推进教育改革,促进各级各类教育协调发展,建立和完善终身教育体系",确立了终身教育在我国法律上的地位。

1996 年,联合国教科文组织在《教育——财富蕴藏其中》中把终生教育看成是人类进入"21 世纪的一把钥匙,它超越了启蒙教育和继续教育之间的传统区别"。指出:"今后,整个一生都是学习的时间,而每一类知识都能影响和丰富其他知识,在 21 世纪前夕,赋予教育的种种使命以及教育可能具有的多种形式,均使教育包括从童年到生命终止的、起下属作用的所有活动:这些活动可将……四种基本的学习结合起来,使每个人都能生动的了解世界、了解他人、了解自己。"

《教育——财富蕴藏其中》中还指出:"教育在个人生活中的地位越来越重要,因为它在促进现代社会发展方面的作用越来越大。""终生教育是不断造就人、不断扩展其知识和才能以及不断培养其判断能力和行动能力的过程。"

"教育的目的是为了适应作为肉体的、智力的、情感的、性别的、社会的，以及精神存在的个人的各个方面和各种范围的需要。使教育成为生活的工具，成为使人们成功地履行生活职责的工具。"

"终生教育建立在4个支柱的基础上"，即"学会认知、学会做事、学会共同生活和学会生存"。报告认为："根据对未来的展望，仅从数量上满足对教育的那种无止境的需求(不断地加重课程负担)，既不可能，也不合适。每个人在人生之初积累知识，尔后就可无限期地加以利用，这实际上已经不够了。他必须有能力在自己的一生中抓住和利用各种机会，去更新、深化和进一步充实最初获得的知识，使自己适应不断变革的世界。"只有在具备了这4个"学会"的基础上，人才有可能去获得新的知识，去更新自己的知识结构，最终达到与社会发展同步的目的。

4个"学会"的含义如下：

(1)学会认知(学会学习)：即更多的为了掌握认识的手段与学习的方法，而不是只求获取经过分类的系统知识。发展人的注意力、想象力、记忆力及思维能力。只有这些能力的综合发展和获得，才能保证人在离开学校后，能自主地进行学习，从而达到改变自身知识结构的目的。

(2)学会做事：更多地与职业技能相联系。要求如何教会学生实践所学的知识，或者在不能完全预计未来工作变化的情况下，如何使教育与未来的工作相适应。

(3)学会共同生活：在多元的社会形态下，学会如何与人沟通、相处(培养具有合作精神的人而不是培养封闭心态的人)。认识他人，理解他人，与他人共同工作，获得他人的支持。

(4)学会生存：是在学会学习、学会做事、学会共同生活的基础上提出的，是培养人的人格，以不断增强人的自主性、判断力和个人责任感来行动。21世纪国际教育委员会提出:"教育应当促进每个人的全面发展,即身心、智力、敏感性、审美意识、个人责任感、精神价值等方面的发展。应该使每个人尤其借助于青年时代所受教育,能够形成一种独立自主的、富有批判精神的思想意识,以及培养自己的判断能力,以便由他自己确定在人生的各种不同情况下做他认为应该做的事情。"这些解释要求教育要注意发展人的想象力,培养人的创造性。

终生教育的提出和实施,对于当代世界教育改革和发展具有十分重要的意义。西方著名教育家赫梅尔等人曾这样评价,"可以与哥白尼学说带来的革命相媲美的终生教育概念的发展,是教育史上最惊人事件之一。"可见,终生教育观念对人类教育产生的影响是不可估量的。虽然,各国在终生教育这个领域都取得了一定的成绩,但总体来看,终生教育在世界各国都还处于实践阶段,现在还没有一个国家真正建立起完整的终生教育制度。

二、朗格朗终身教育思想述评

(一)终生教育思潮

终生教育思潮是20世纪60年代初兴起于欧洲的一种国际教育思潮。它至今还没有一个一致公认的定义。终身教育的倡导者是联合国教科文组织成人教育科科长、法国的保罗·朗格朗。他认为,数百年来把人生分成两半,前半生受教育,后半生工作,这是毫无科学根据的。教育应当打破传统学校教育体系,而引入了成人教

保罗·朗格朗

育的内容,在此意义上讲成人教育的大规模出现,可以在一定程度上标志着终生教育思想的初步确立。

(二)关于终身教育概念的几种解释

1.终身教育所意味的,并不是指一个具体的实体,而是泛指某种思

想或原则,或者说是指某种一系列的关系与研究方法。概括而言,也即指人的一生的教育与个人及社会生活全体的教育的总和。

2.曾任联合国教科文组织教育研究所专职研究员的 R·H·戴维认为:终身教育应该是个人或诸集团为了自身生活水平的提高,而通过每个个人的一生所经历的一种人性的、社会的、职业的过程。这是在人生的各种阶段及生活领域,以带来启发及向上为目的,并包括全部的正规的(formal)、非正规的(non－formal)及不正规的(informal)学习在内的,一种综合和统一的理念。

3.第三种较具权威性的观点是由 1972 年起就任联合国教科文组织终身教育部部长的 E.捷尔比提出的。捷尔比认为:"终身教育应该是学校教育和学校毕业以后教育及训练的统和;它不仅是正规教育和非正规教育之间关系的发展,而且也是个人(包括儿童、青年、成人)通过社区生活实现其最大限度文化及教育方面的目的,而构成的以教育政策为中心的要素。"

这三种观点在表达和侧重上都有所不同,但是有一点是一致的:他们都认为终身教育包括人一生所受的各种教育的总和。

国际发展委员会的报告《学会生存》中对终身教育作的定义是:"终身教育这个概念包括教育的一切方面,包括其中的每一件事情,整体大于部分的总和,世界上没有一个非终身而非割裂开来的永恒的教育部分。换而言之,终身教育并不是一个教育体系,而是建立一个体系的全面的组织所根据的原则,这个原则又是贯穿在这个体系的每个部分的发展过程之中。"

对于终身教育比较普遍的看法是:"人们在一生中所受到的各种培养的总和。"它指开始于人的生命之初,终止于人的生命之末,包括人发展的各个阶段及各个方面的教育活动。既包括纵向的一个人从婴儿到老年期各个不同发展阶段所受到的各级各类教育,也包括横向的从学校、家庭、社会各个不同领域受到的教育,其最终目的在于"维持和改善个人社会生活的质量"。

(三)终身教育的概念也在不断发展

国际 21 世纪教育委员会在其向联合国教科文组织提交的《教育——财富蕴藏其中》的报告中,对终身教育这个概念的内涵作了进一步的揭示,终身教育固然要重视使人适应工作和职业需要的作用,然而,这决不意味着人就是经济发展的工具。除了人的工作和职业需要之外,终身教育还应该重视铸造人格、发展个性,使个人潜在的才干和能力得到充分的发展。

三、当代人的能力概述

(一)当代人需要具备的基本能力或关键能力

要把培养人的生存和发展能力放在重要地位。欧盟执委会于 2002 年 6 月发表了《欧洲终身学习品质指标报告书》,为适应当代信息社会的诸多挑战,概括了当代人需要具备的基本能力或关键能力:

(1)算术与识字能力;

(2)数学、科学与技术的基本能力;

(3)外语;

(4)信息与计算机技术应用能力;

(5)学习如何学习的能力;

(6)社会能力;

(7)创业精神;

(8)大众文化。

国际 21 世纪教育委员会向联合国教科文组织提交的报告《教育——财富蕴藏其中》,则进一步简明地提出了终身教育必须建立在学会认知、学会做事、学会共同生活、学会生存四个支柱上,这四个支柱也可以视为一个人四个方面的素质或能力。其中特别是学会学习的能力更是一项核心能力,学会学习也就是学会生存,学会创业,学会创造,学会发展,学会适应并跟上时代前进和变化的步伐。

(二)推进学习型社会形成的组织基础和社会依托

以制度创新为关键,构建终身教育体系及创建各类学习型组织,这是推进学习型社会形成的组织基础和社会依托。

如果说,观念转变是先导,那么,制度的改革和创新就是关键,制度建设与各项具体的教育改革相比,更具根本性、长远性和稳定性。只有制度的创新和建设抓好了,观念转变的成果才能落到实处,并通过制度的创新和执行推动教育的持续发展。学习型社会是未来一种崭新的社会形态,终身教育体系则是学习型社会的结构特征和根本制度。建立终身教育体系的指导思想,应坚持教育面向现代化、面向世界、面向未来的战略方针,着眼于人的全面发展、终身发展,建立高度开放、四通八达、进出方便、充满活力的制度体系。

(三)终身教育体系的基本要点

1.以现代国民教育体系为主干

现代国民教育体系是以青少年和成人为主要对象,以教育的现代化为主要内涵,以制度化、结构化、组织化为主要特征,以正规教育、学历教育、教育机构教育为主体,同时又具有开放性的一种教育体系。终身教育体系则是面向社会全体成员,贯穿人生全程,扩展到社会各个领域,涵盖正规教育、非正规教育、非正式教育和终身学习,以学习型组织网络为基础,以非正规教育为主体,整合社会各类资源和设施,更多注重把教育、培训、学习同社会的经济、政治、文化、生活紧密结合,致力于为人的终身发展和完善服务的一种教育体系。很显然,终身教育体系的外延比现代国民教育体系更为宽泛,教育的内涵和侧重点则有所不同。这里有两点需要指出:一是终身教育体系并不排斥和否定现代国民教育体系,相反,现代国民教育体系仍然是终身教育体系的主干部分。《学会生存》

精辟地指出:"学校,即向年轻一代有条不紊地施行教育所设计的机关,在培养对社会发展有贡献并在生活中起着积极主动作用的人的方面以及在训练人们适当地准备从事工作等方面,现在是,将来仍然是具有决定性的因素。""如果我们废弃了学校,不把学校当作教育的一个主要部分(纵然不是唯一的部分),这就等于我们不让成千上万的人受到这种可使他们系统地掌握知识的教育。尽管人类的文化并不限于知识,但知识在今天依然是文化的有机的和不可缺少的部分"。二是从终身教育的视角和高度看问题。那种把学校教育等同于整个教育、视学校教育为唯一教育、把人的一生分成两段:前半生用于教育,后半生用于工作、接受一次学校教育管用人的一生等等陈腐的观念和主张,以及那种轻视甚至鄙视非正规教育的做法和态度,应当旗帜鲜明地加以批判和坚定不移地予以摒弃。

2.沟通教育世界和劳动世界的联系

学校教育都应有序地向社会、社区开放,建立学校教育、家庭教育、社会教育、组织机构教育相互沟通,资源共享的制度;青年和成人都应该有许多实践机会把教育和劳动结合起来;建立回归教育制度,支持青年乃至成人比较容易离开工作岗位,重新进入教育圈子学习;建立教育带薪假制度,明确规定雇主有义务让雇员参加一定的脱产学习、半日制学习,或从事技术创新乃至科学研究。

3.把正规、非正规教育合为联贯教育体系

在正规教育和非正规教育之间,一切人为的、过时的障碍都应加以革除,尽可能建立"零障碍"沟通,并着手建立在非正规教育机构乃至非正式教育场合获得的学习成果的认证制度,以及与正规教育沟通或互换的制度。

4.教育体系内部须建立开放、相互沟通制度

正规教育体系的内部也必须建立开放的、相互沟通的制度。"一个

全面的开放教育体系帮助学习者在这个体系中能够纵横移动,并扩大他们可能得到的选择范围。"要做到这一点,学生应有许多机会从一种教育类型转到另一种类型,能够方便地进入不同的阶段,又能在不同的点上离开;在义务教育结束以后,每个人可以选择继续学习或从事实际工作,学生不一定完成传统的正规教育以后再接受高等教育;这个体系应具有弹性和灵活性,学生可以选择适合自己的学习形式、学习内容、学习媒体、学习场所、学习时间。

5.以各类学习型组织为基础

如果我们从系统论的视角审视一下,就会发现建构终身教育体系并形成学习型社会,是一个宏大的社会系统工程,它是由不同层次、不同类型的要素或环节组成的。学习型社会、学习型城市、学习型社区、学习型组织、学习型家庭,这是不同层次的要素;如果对学习型组织细分一下,还可包括学习型机关、学习型企业、学习型学校等;现在重在创建学习型城市,以后视条件还应创建学习型农村,这些都是不同类型的要素。我们这里姑且把这一组织群落称之为学习型组织网络,由于这些纵向和横向要素的内在本质联系,共同构成学习型社会的社会系统工程。从理论上看,这是由学习型社会引申出来的一组系列概念,成为终身教育体系的主要支撑;从实践上看,又是建构学习型社会的一组目标体系或目标群集,构成这个宏大社会系统工程纵横整合的结构链。

这里有一点需要指出,我们把学习型组织作为终身教育体系的基础,不仅是具体内容的变化,更是思维方式的转变。过去我们(特别是教育工作者)经常强调成人教育是终身教育的前沿阵地和主要实践领域,对不对呢?并没有错,但一个不可忽视的缺点是,我们的思维层次还停留在一些具体的局部的问题上。管理学大师彼得·圣吉的《第五项修炼》问世以后,给我们最深刻的启示是必须学会系统思考,他提出的"学习型组织"给了我们一个全新的视角。我们在考虑建构终身教育体系时,把学习型组织网络作为基础,不仅可从一个重要方面把终身教育体系同现代国民教育体系加以区分,而且可把各种非正规教育、非正式教育整合起来,组成一个组织体系(系统)。

(四)学习型社会也是一个逐步完善的过程

学习型社会既是未来社会发展的一种社会形态和相对水平,又是一个持续创建和逐步完善的过程。持续扎实地开展创建各类学习型组织,则是构建学习型社会的重要举措。党的十六大已把建设学习型社会列为全面建设小康社会的重要目标,我们应当从社会主义现代化建设全局的高度,认真学习理论,深入研究问题,理清工作思路,扎实做好工作。

第二节　合作教育

一、提出"合作教育"的背景

合作教育的提出,是有其深刻的社会和历史背景的,简单地可以概括为以下几点:

(一)家庭教育的缺位和错位;

(二)同学关系的冷漠和迷失;

(三)两极分化的日益严重;

(四)低分面的急剧扩大;

(五)教育知识传授面的短视和狭窄;

(六)教育方法的封闭与低效。

完整的教学系统应该包括师生关系、教材、教学方法、教学手段等要素。其中教师和学生及他们之间的人际关系是教学活动存在的前提。良好的师生关系是顺利进行教学活动的必要前提,我们认为,学校应该是一个充满温情的、友爱的,有着共同目标,需要不断创新和交流,并且充满活力的合作集体。

二、关于合作教育的一些理念

（一）什么是合作教育

合作教育就是有共同的教育对象和教育目标，个人与个人、团体和团体之间密切交流互动合作的教育。其宗旨是使学生深信他将获得进步，能教会学生学习，不允许任何一个学生掉队，也不允许任何一个学生意识到自己会永远落在同学的后面，使最没有才能的也能得到发展。教育首先在教育过程中对学生采取了一种富有人情的、能够区别对待的教育策略。在教育过程中，让学生永远不失去上进的感觉，让生活不断地变得丰富，让学习的需要日益得到加强和扩展。

（二）合作教育的核心是合作教学与合作学习

合作教育的本质是在师生关系上摒弃权力与服从。合作学习是指学生为了完成共同的任务，有明确的责任分工的互助性学习。合作学习鼓励学生为了集体的利益和个人的利益而一起工作，在完成共同任务的过程中实现自己的理想。

（三）合作学习的意义

1.合作学习将个人之间的竞争转化为小组之间的竞争，有助于培养学生合作的精神和竞争的意识；有助于因材施教，可以弥补一个教师难以面向有差异的众多学生教学的不足，从而真正实现使每个学生都得到发展的目标。

2.在合作学习中由于有学习者的积极参与，高密度的交互作用和积极的自我概念，使教学过程远远不只是一个认知的过程，同时还是一个交往与审美的过程。

3.在合作学习过程中，教师和每个学生之间的差异能得到承认，其潜能可以得到充分的发挥，有助于张扬个性和满足学生的需要，使学生感到学习要有信心；合作学习活动能使学生体会到相互间的关心和帮助，使师生在多维互动、相互砥砺、取长补短的过程中达到在和谐中进取的境界。合作学习不只是一个认知的过程,同时还是一个交往与审美的过程。它有助于因材施教,培养学生的合作精神和竞争态度。

4.实施合作教育,教师要培养学生积极动脑、认真思考、踊跃发言的习惯,让学生真正参与课堂教学,主动探究新知的形成过程,并把自己的探究过程用语言表达出来。

三、美国合作教育概述

1906年,美国的辛辛那提大学首次推出一项新的教育计划:一部分专业和一些教育项目的学生一年中必须有1/4的时间到与自己专业对口的公司或企业等单位去实习,以获得必要的知识。这种把课堂教学与工作实践相结合的教育方式,当时被称为"合作教育"。

近100年来的实践证明,合作教育方式具有强大的生命力。目前,美国开办不同层次、不同类型和不同形式合作教育项目的院校已有1000多所,参与全美高等教育合作教育的大公司和企事业单位已达5万多家。合作教育的倡导者辛辛那提大学1998年有数千名学生,分布在全美36个州和其他6个国家和地区进行各种实习工作。该校参与合作教育的学生一年收入竟达数百万美元之多。

合作教育方式在美国效果显著。统计数字表明,97％的合作教育大学毕业生认为,结合工作实际的教育是他们事业成功的源泉;80％的合作教育毕业生说他们就业的单位是他们上大学期间去实习过的单位;63％的毕业生说,他们就业的机会确实比别的毕业生多,而且职业大多是在学习期间最后去实习的那些单位提供的;40％的毕业生承认,不管工作有何变动其职业总是和在校期间获得的工作经历密切相关的;约占合作教育项目毕业生总数一半以上的人从事了令人羡慕的专业性、技术性很强的工作;还有15％的毕业生考取了研究生,继续深造。

开设合作教育专业,确立具体的合作教育项目是美国办合作教育的第一步。各高等院校通过调查研究,寻找合作伙伴,根据合作需求并结合本校的实际选择开设自己的合作教育专业。经过充分论证,正式确立项目,把这些专业项目列入自己学校教学大纲和招生计划公布于众,让学生选择。美国高等院校合作教育的专业面几乎覆盖了所有的学科领域:自然资源和农业资源开发、各类科学技术和工程学科、各门自然科学和社会科学、计算机科学、商学、医疗卫生学、人文科学和应用科学以及各种职业技能等,十分全面。

美国国家合作教育委员会负责协调全美1000多所院校的合作教育工作。每所搞合作教育的学校均设有自己的合作教育部。合作教育部主要由两类人员组成:一类是有职称和教学经验的教师;另一类是与社会有广泛联系、对合作教育有献身精神的工作人员,人们称他们为项目协调人。这些项目协调人不但了解学校的专业设置、课程安排和教学情况,而且熟悉社会上用人的情况,与公司、企业等有广泛而密切的联系。学校的合作教育项目全靠这批人统筹安排和协调组织。对外,项目协调人代表学校与用人单位联系、谈判和签约,把用人单位组织到学校的某一合作教育项目里来;对内,他们是学生的顾问和辅导员,指导学生根据个人的爱好特长、学校开设的专业和社会劳动力市场情况,选择专业,确定方向,安排他们外出实习。项目协调人有条不紊地安排学生的课堂教学和教学实习,解决学生在学习和工作中出现的各种实际问题,保证合作项目顺利地进行。他们还经常帮助学生整理个人简历、改进与雇主会面谈话的技巧;介绍工作单位对学生的具体要求,讲明实习的目的任务和学校要求。学生上岗后,项目协调人会经常下去监督和指导,征求工作单位对学生的意见,不断改进学生、学校和工作单位三者之间的合作关系。

合作教育项目要求学生在完成一段时间的实习任务后,写出工作实践的详细总结。各接受学生工作的单位也得写出对学生表现的鉴定意见。学生返校后,项目协调人要从学业和实践两方面对每一个学生做出全面评价以确定该生这一阶段接受的合作教育是否合格、成功。

美国高等院校里的合作教育项目,形式和学制因地制宜,灵活多样,各具特色。学制有两年制、四年制、五年制,长短不一。在两年制的初级学院或社区学院里,合作教育项目学生,一般半天在校学习,半天在学院附近专业对口的单位工作。两年毕业后,学生获得学士学位,可以从此就业,也可以带着获得的学分转入四年制学校继续攻读学士学位。四年制的合作教育项目要求学生在校期间有三个学期或两年的时间从事与专业对口的实际工作。每次停课外出实习的时间是根据学业进展情况和条件成熟与否,适时、分段、有机地穿插安排的。学自然科学、工程技术和商业管理的学生,合作教育学制一般是五年。这些学生一年平均有半年到现场实习工作。美国有的院校实行的是一学年四学期制,在这样的学校注册学习的合作教育学生也须每隔三个月便要在学校和工作单位之间轮换一次。在大部分开办合作教育项目的学校里,学生外出实践也计学分。学生要根据所得学分的多少相应地交纳学费。也有学校的学生外出实习不计学分,学生在实习阶段无须交纳学费。对大多数学生来说,交纳学费与否关系不大,因为他们在实习单位从事工作都是有报酬的。

合作教育把教学与实践结合起来,从而把教育推向社会,实现了教育面向社会,社会参与办学的双向参与。对学生来说,参加与专业对口的实际工作有利于巩固书本知识,搞清理论概念,检验所学知识的准确性、实用性和科学性。实际工作过程是学生培养工作能力、掌握专业技能、增强对社会适应性的过程。工作担子压在学生身上后有助于他们建立工作责任心,培养社会责任感,同时可以树立起他们自理自立的自信心和有所作为的成就感。这些品德和素质是学生在半封闭式的学校里不易获得的东西。对于学校来说,合作教育加强了高等院校与用人单位,乃至整个社会的横向联系。学校通过与社会的合作获得社会的支持和更多更可靠的办学信息,从而强化学校的教育功能,促进学校从实际出发调整专业,改变课程设置,充实和更新教学内容。学校把人才培养的方向、人才培养的目标置于社会用人单位的评价和检验之下,无疑会有力地推动高等教育自身的发展和完善。

学校与社会合作办学还为高校科研成果的转让和提供系统的科技服务打通了渠道,得到的社会报酬还可用来进一步改善学校的办学条件,形成互相促进的良性循环。

第三节 创新教育

一、创新、创新思维和创新教育的含义

创新是建立在高级思维之上的一种探索性活动,严谨、缜密、细致、精妙的思维是进行创新活动的基本条件和关键因素。因此,要想创新必须养成良好的思维习惯,并熟练掌握思维方法和技巧,以此提高创新的可能性和可行性。

创新思维是人类思维的精华,是创新能力的核心,是人们从事创新活动必须具备的最重要、最基本的心理素质。创新思维在整个创新活动中占有极其重要的地位。创新活动的前半期,主要靠创新思维产生创新设想;创新活动的后半期,则是将创新思维付诸实施,形成创新成果。可以说,一切创新成果都是创新思维结出的硕果。

创新教育和创造教育有着相同或相近的含义,是旨在培养创新性人才和创造性人才的教育。创新教育是以培养人们创新精神和创新能力为基本价值取向的教育。其核心是在普及九年义务教育的基础上,在全面实施

素质教育的过程中,为迎接知识经济时代的挑战,着重研究与解决在基础教育领域如何培养中小学生的创新意识、创新精神和创新能力的问题。

二、创新教育的重要性

日本在战后一穷二白,如何突围?日本教育界、科技界经过广泛讨论,在"立足于国内,开发智力,创造新技术,发展新产品,保持竞争优势"的口号的基础上,达成了对创造教育的共识,从此迈上高速发展的轨道。1955年,从美国引进创造工程学,1979年成立创造学会。他们从民间到政府对创造教育都极为重视。很快,在20世纪60年代,日本一跃成为世界第二大经济体,并一直保持到21世纪头十年,这不得不说是一个极为成功的例子,这种创新教育所爆发出的巨大能量,非常值得我们借鉴。

国家领导人多次强调创新是民族进步的灵魂,是国家兴旺发达不竭的动力,思考教育问题不能离开这个重大的课题。必须强调的是,创新是有层次的。我们所说的"创新",是指通过对中小学生施以教育和影响,使他们作为一个独立的个体,能够善于发现和认识有意义的新知识、新思想、新事物、新方法,掌握其中蕴含的基本规律,并具备相应的能力,为将来成为创新型人才奠定全面的素质基础。

三、创新教育的方法及作用

随着时代的发展,科技进步的日新月异,特别是知识经济时代的即将到来,我们古老的应试教育已不能适应新形势的发展,所以我们要实施素质教育,而创新教育就是素质教育的灵魂、核心。要进行创新教育,根本的目的是要推进素质教育,全面提高教育质量,改革教学的内容、方法和手段,完善人才培养模式,激发学生创造性思维的发展,使学生能充分发挥自身潜能,激发学习成长的主动性,实现全面发展。

有人曾经指出,要进行教育创新,必须充分利用现代科学技术手段,大力提高教育的现代化水平。要通过积极利用现代信息和传播技术,大力推动教育信息化,促进教育现代化。所以,教师要进行教育创新,提高教学质量,也要借助现代科学工具。例如,在上诗歌教学的课堂上,为了提高学生欣赏诗歌、背诵诗歌的兴趣,可以使用多媒体教学平台进行教学,把诗歌体现的环境展示出来,使同学们能在优美的环境中迅速熟记诗歌内容,并感受诗人写作的诗歌的意境和思想,从而也就提高了教学质量。

在我们目前的教学中,灌输式教学还是占主导地位。但灌输式教育只能死板地向学生灌输知识,而学生也只能死记硬背,不能做到举一反三。如此,对学生的智力发展和思维发展都是不好的。陕西师范大学张熊飞教授在他的《诱思探究学科教学论的研究和实验》中提到,教师在课堂教学中必须做学生学习的引导者,创造性地开发、利用一切课程资源,针对不同的探究内容,选择生动形象的、富有个性的体验形式,与学生一起创设最佳的教学情境,使学生以探索者、研究者的身份,独立地参与各种教学活动,在情趣中进行学习。所以要进行创新教育,必不可少的步骤就是要由灌输式教育转向启发式教育,在课堂上形成以学生为主的探究式学习。探究式学习就是在课堂上以学生为主体,教师引导启发学生思考问题,让学生能通过教师的启发而一步一步地解决问题,进而达到师生共同探究学习的目的,想出各种各样解决问题的方法,进一步活跃学生的思维能力,使学生在创新的基础上掌握解决问题的方法。这样,以后学生遇到同类的问题也能自己解决了。

现在,学生的知识面比较狭窄,这样就给创新教育带来了一定的困难,所以要创新,就必须开拓学生的视野,扩大学生的知识面。因此,要进行素质教育、创新教育,必须放开传统的束缚,激发学生学习的兴趣,启发学生的创造性思维,从而培养出具有丰富创新能力的高素质人才。

四、如何实施创新教育

所谓创新教育就是使整个教育过程被赋予人类创新活动的特征,并以此为教育基础,达到培养创新人才和实现人的全面发展为目的的教育。所谓创新人才,应该包括创新精神和创新能力两个相关层面。其中,创新精神主要由创新意识、创新品质构成。创新能力则包括人的创新感知能力、创新思维能力、创新想象能力。从两者的关系看,创新精神是影响创新能力生成和发展的重要内在因素和主观条件,而创新能力提高则是丰富创新精神的最有利的理性支持。

实施创新教育就是要从培养创新精神入手,以提高创新能力为核心,带动学生整体素质的自主构建和协调发展。而创新精神和能力不是天生的,它虽然受遗传因素的影响,但主要在于后天的培养和教育。创新教育的过程,不是受教育者消极被动的被塑造的过程,而是充分发挥其主体性、主动性,使教学过程成为受教育者不断认识、追求探索和完善自身的过程,亦即培养受教育者独立学习、大胆探索、勇于创新能力的过程。因此,在教学过程中要致力于培养学生的创新意识、创新能力及实践能力。

（一）转变教育观点,培养创新意识

教师观念的转变是实施创新教育的关键和前提,教师观念不改变就不可能培养出具有创新意识的学生。首先,要认识课堂教学中教师与学生的地位和作用、教与学的关系,发挥教师的主导作用和学生的主体作用,充分调动学生的学习主动性和积极性,使学生以饱满的热情参与课堂教学活动。

建构主义理论认为:知识不是通过传授得到,而是学习者在一定的情境即社会文化背景下,借助他人（包括教师和学习伙伴）的帮助,利用必要的学习资料,通过意义构建而获得。因此,教师在学生的学习过程中应是组织者、指导者、帮助者、评价者,而不是知识的灌输者,不要把教师的意识强加于学生;学生是教学活动的参与者、探索者、合作者,学生的学习动机、情感、意志对学习效果起着决定性作用。

其次,在教学方法上要改变传统的注入式为启发式、讨论式、探究式,学生通过独立思考,处理所获得的信息,使新旧知识融会贯通,建构新的知识体系,只有这样才能使学生养成良好的学习习惯,从中获得成功的喜悦,满足心理上的需求,体现自我价值,从而进一步激发他们内在的学习动机,增加创新意识。

(二)营造教学氛围,提供创新舞台

课堂教学氛围是师生即时心理活动的外在表现,是由师生的情绪、情感、教与学的态度、教师的威信、学生的注意力等因素共同作用下所产生的一种心理状态。良好的教学氛围是由师生共同调节控制形成的,实质就是处理好师生关系、教与学的关系,真正使学生感受到他们是学习的主人,是教学成败的关键,是教学效果的最终体现者。因此,教师要善于调控课堂教学活动,为学生营造民主、平等、和谐、融合、合作、相互尊重的学习氛围,让学生在轻松、愉快的心情下学习,鼓励他们大胆质疑,探讨解决问题的不同方法。"亲其师,信其道",师生关系融洽,课堂气氛才能活跃,只有营造良好的教学气氛,才能为学生提供一个锻炼创新能力的舞台。

(三)训练创新思维,培养创新能力

创新思维源于常规的思维过程,又高于常规的思维,它是指对某种事物、问题、观点产生新的发现、新的解决方法、新的见解。它的特征是超越或突破人们固有的认识,使人们的认识"更上一层楼"。因此,创造思维是创造能力的催化剂。提问是启迪创造思维的有效手段。因此,教师在课堂教学中要善于提出问题,引导学生独立思考,使学生在课堂上始终保持活跃的思维状态。通过特定的问题使学生掌握重点,突破难点。

爱因斯坦曾说:"想象力比知识更重要,因为知识是有限的,而想象力概括着世界的一切,推动着世界的进步,并且是知识进化的源泉。"想象是指在知觉材料的基础上,经过新的配合而创造出新形象的心理过程。通过想象可以使人们看问题能由表及里,由现象到本质,由已知推及未知,使思维活动起到质的飞跃,丰富的想象力能"撞击"出新的"火花"。因此,在教学过程中要诱发学生的想象思维。

(四)掌握研究方法,提高实践能力

科学的研究方法是实现创新能力的最有效手段,任何新的发现、新的科学成果都必须用科学的方法去研究,并在实践中检验和论证。因此,教师要使学生掌握科学的探究方法,其基本程序是:提出问题一作出假设一制订计划一实施计划一得出结论。课堂教学中主要通过实验来训练学生的实践能力,因此应尽量改变传统的演示性实验。验证性实验为探索性实验,教师可以向学生提供一定的背景材料、实验用品,让学生根据特定的背景材料提出问题,自己设计实验方案,通过实验进行观察、分析、思考、讨论,最后得出结论,这样才有利于培养学生的协作精神和创作能力。有时实验不一定获得预期的效果,此时教师要引导学生分析失败的原因,找出影响实验效果的因素,从中吸取教训,重新进行实验,直到取得满意的效果为止。这样不仅提高学生的实践能力,而且还培养学生的受挫折能力。

(五)利用新的信息,触发创新灵感

现代社会,教师要培养学生收集和处理最新信息的能力。科学技术的迅猛发展,新技术、新成果的不断涌现,瞬息万变的信息纷至沓来,令人目不暇接。只有不断地获取并储备新信息,掌握科学发展的最新动态,才能对事物具有敏锐的洞察力,产生创新的灵感。否则,创新将成为无水之源、无土之木。因此,要引导学生通过各种渠道获取新信息,如:通过图书馆、电视、报纸、互联网、社会调查等获取信息,为创新奠定坚实的知识基础,这样才能高屋建瓴,运筹帷幄,驾驭科学发展的潮流,才能使创新能力结出丰硕的成果。

五、创新教育在新世纪中小学教育中的重要意义

现代社会是知识经济社会,而知识经济的核心是创新。当今世界的科技竞争、综合国力竞争越来越表现为创新型人才的水平和数量的竞争。创新教育是当今世界许多国家教育改革的焦点和核心,中华民族要实现伟大复兴,要矗立于世界优秀民族之林,必须要有全民族整体素质、科学水平的提高。学校教育是培养民族创新精神、创新能力的主渠道。教师要明确创新教育思想、创新教育培养目标和实施方案,在教学过程中才能唤醒学生的创新意识,培养学生的创新精神,提高学生的创新能力,使他们想创新、敢创新、会创新。

(一)中学生创新教育的内涵和内容

创新是民族的灵魂,创新是科学发展的动力,是技术革命的生命。中学生创新教育的内涵应是:通过创新教育使学生对已有的经验和知识进行分解与组合后,产生某种新的、独特的思想观点、思路设计、途径方法等的活动过程。

1.创新精神主要表现为创新意识和"质疑"精神。要千方百计培养学生形成推崇创新、追求创新的观点和意识。只有在强烈的创新意识的引导下,学生才可能产生强烈的创新动机,树立创新目标,充分发挥创新潜力,释放创新激情。创新的产品是独出心裁、前所未有的。因此创新是超越,而不是跟随。只有大胆地向传统挑战,才可能创新。

2.培养创新能力,主要表现为课堂教学的创新思维能力和实验教学中的创造能力的培养。

创新思维的主要形式有:①联想思维;②直觉思维;③灵感思维。

物理实验是人类研究自然现象和规律的重要途径,也是人类发明创造的重要手段。物理实验教学,可以验证书本知识,然而更重要的是重温前人创造的思维的过程,从中受到启发,同时也培养学生的动手实践能力。

3.培养学生创新人格和协同合作的精神。健全的人格是个体顺利发展的内在因素,是个人创新能力得以发挥的支柱,主要包括爱国主义情感、献身科学的精神、勇于面对失败、百折不挠的意志、求实勤奋的治学态度和较强的自信心。

协同合作精神是新世纪对人才的基本要求。新技术革命,使人类在已经到来的 21 世纪相互影响,相互依存。重大的发明创造,需要众多人才共同去探索、开发、创造。因此我们必须培养学生的协同合作精神,以满足未来社会对人才的需求。

(二)创新教育的探索与实践

1.教学中培养学生创新精神

创新精神包括:创新的意识、热情、进取心、自信心、创新的胆略;敢于质疑、坚韧不拔的毅力等等。在教学中,我们一方面要培养学生推崇创新、追求创新的观念和意识,鼓励学生解放思想、独立思考;另一方面要根据不同的教学内容启发、培养学生敢于质疑、善于质疑的创新精神。

首先,教师的教学过程要具有创新意识,为学生树立创新的表率。只要事事处处做有心人,善于思考,就会设计出灵活多变的教学方案,培养学生的创新意识。

其次,教学活动要使学生保持旺盛的好奇心和求知欲。坚持不懈地寻根问底就会激发创新意识。

然后,在教学中要培养学生的"质疑"精神。人的思维活动起始于问题,有疑问才会去思考。有疑问是学习新知识、产生新思想、发现新观点的起点,教师要营造一个宽松的教学环境,也就是要创造一个和谐、平等的教学环境,使学生勇于发现问题,敢于提出问题,渴求解决问题,他们的创新意识就会得到培养和发挥。

(1)提倡学生向教师的教学过程、教学内容质疑。教师的知识结构和教育教学模式都在迅速地老化,只有不断地"充氧"才能赶上时代的步伐。教师在教学中的言行举止对学生有潜移默化的影响,教师若能实事求是地坦诚不足,和学生一起研究问题,就能成为学生培养质疑精神的好榜样、好朋友、好老师。学生敢于质疑的精神非常宝贵,要鼓励和提倡。

(2)鼓励学生对教材质疑。高中学生对知识、现象、实验等有旺盛的求知欲,对新异的事物特别感兴趣,他们对学习的知识爱提出一些疑问。

(3)大力提倡学生争辩。通过争辩活动可以提高学生质疑的敏捷性、灵活性。长期引导学生进行争辩、互相质疑无疑会大大增强学生质疑的意识,使学生在质疑辩论中,弄清原来模糊的概念,更重要的是培养学生会持质疑的态度上课,锻炼思维的准确性、开放性,也提高了流畅表达自己的观点的能力。

2.挖掘学科特点,培养创新能力

每个人都具有天生的创造力。对于每个正常人来说,创新能力只有大小之差,没有有无之别。科学家与普通人的差别,不在其大脑聪明与否,而是在其创造潜能能否得到培养与开发。物理课堂教学的重点是培养创新思维,实验教学的重点是培养动手创造能力。

(1)培养学生创新思维能力。创新思维是一种具有主动性、灵活性、求异性、独创性和灵感性的思维方式,它往往能突破习惯思维的束缚,在解决问题的过程中,其观点富有创意。心理学研究表明:中学生热情奔放,充满对新世界、新事物的好奇,不畏艰难,勇于探索,对他们进行创新思维的培养,具备心理发展基础和可能性。

科学创新来自于创造性的猜想。因此我们在教学中应重视发掘教材中有效因素。变换常规的教学方法,放开束缚学生思路的枷锁,有意识地引导学生进行合理的猜想。

我们最终应把创新能力的培养落实到学生创新人格的塑造上,凡是有利于创新活动的个性品质,都是创新需要,称为创新个性。创新个性具有相当的完整性和持久性,对学生今后的发展将产生积极的和决定性的影响。

创新人格表现为:良好的思维品质、独立的个性特征。如质疑精神、创新意识;优良的意志品质;强烈的求知欲;不竭的进取精神。为塑造学生的创新人格,在教学中,应保护学生的好奇心,解除学生对错误的恐惧心理,鼓励独创性与多样性,鼓励幻想,鼓励向有创新精神的人学习和接触。

(2)培养学生勇于面对失败的精神。在创造活动中,错误和失败远远多于成功。爱迪生发明电灯,瓦特发明蒸汽机,莱特兄弟把飞机送上天,都是建立在成千上万次失败的基础上的。事实证明,失败会使人聪明,"失败是成功之母",如在物理教学中将科学家们可歌可泣的百折不挠的意志、献身科学的精神融合在知识传授中,这样可以增强学生的爱国主义精神、为人类的进步献身科学的责任心和勇于创新的顽强意志。

教师要经常与学生交流创新体会,鼓励学生之间的适度竞争、相互合作、相互交流、相互了解和相互宽容,使全体学生的创造力和每个学生的创新能力相互激励,同步增强。

创新教育的探索与实践使我们认识到,21世纪创新人才的培养是世界教育发展的主流。创新教育既关系到学生个人的可持续发展,更是国家和民族发展和进步的需要,所以我们必须树立正确的教育观念,真正地从应试教育转变为素质教育,努力提高自身创新能力,明确课堂教学是学生获取知识的主渠道,也是培养学生创新素质的主要途径。教学中贯彻创新意识是先导,创新精神是源头,创新思维是关键,观察、实践是途径。坚定方向,不断努力,一定能够培养出优秀的、具有创新能力的栋梁之材。

第四节　多元智力理论

美国加德纳多元智能理论概述

传统智力观认为,智力是以语言能力和数理逻辑能力为核心、以整合的方式存在的一种能力。在这样的认识基础上,各种各样的智力测量表被编制出来,用以测量一个人的聪明程度,智商越高说明越聪明。

但在现实生活中人们发现,一方面,大量的成功人士并非那些在智力测量中被认为智商很高的人;另一方面,许多被认定为智商很低,甚至是弱智的人却在某些领域表现出其突出的才能和明显的过人之处。这不能不引起人们的思考。智商越高就一定越聪明吗？不一定,智商不高的人未必就不聪明。也就是说,单纯以语言能力和数理逻辑能力来判定一个人是否聪明的"智商说"根本站不住脚。

多元智力理论自 1983 年由哈佛大学发展心理学家霍华德·加德纳教授提出,迄今已有近 30 年的历史,已逐渐引起世界的关注,并成为 90 年代以来许多西方国家教育改革的指导思想之一。

（一）时代背景

多元文化教育在美国兴起于 20 世纪 60 年代,多元文化教育追求促进文化多样性的特质与价值,促进对个体差异的尊重,促进全人类的社会公平与机会均等,这就要求教育培养儿童具有开放的心灵,去倾听不同的意见与观点,去容纳不同的立场,去了解不同文化的价值系统。而多元智力理论体现的精神与这一思想是高度一致的,它为人们呼应和容纳儿童的多样性提供了理论支持。

加德纳是一位发展和认知心理学家,多元智力理论的提出是他个人对正常和天才儿童以及那些大脑受损的人进行多年研究的结果,正是由于此类研究相关的涉及人的潜力及其发展的研究兴趣把它引进了学习和教育领域,而其中对皮亚杰认知发展理论、信息加工理论的继承和超越是他提出多元智能理论的重要基础。

（二）多元智力理论的基本内容

1989 年,加德纳把智力界定为"个体用以解决或生产出为一种或多种文化或环境所珍视的问题和产品的能力"。也就是说,在加德纳看来,智力是在某种社会或文化环境的价值标准下,个体用以解决自己遇到的真正难题或生产及创造出有效产品的能力。

应该说,多元智能理论的产生和发展,与美国社会文化中根深蒂固的对个体和个人主义的强调以及进步主义的思想也是不无关系的。多元智力理论的提出,是历史的积淀、当代社会的大氛围以及加德纳作为一个现代的研究者对前人的继承和超越等多方面因素作用的结果,正所谓"冰冻三尺,非一日之寒"。

多元智能理论介绍人类的智能是多元化而非单一的。加德纳博士指出,多元智力理论包括以下几种:

1.语言智能

2.数学逻辑智能

3.空间智能

4.身体运动智能

5.音乐智能

6.人际智能

7.自我认知智能

8.自然认知智能

(三)智力的本质

智力是分布的、情景化的:即智力不仅仅存在于人的大脑中,它可以分布在个体环境下的人和物中,只有考虑到一个人所处的环境才能真正理解它的智力。

智力是一种高级的解决问题能力或创造能力:多元智力理论强调智力包括两方面的能力:解决实际问题的能力,生产和创造为社会所需要的有效产品的能力。

智力是多维的:多元智力理论认为每一个个体有着相对独立的多种智力,这是有其生物基础的。加德纳从神经生理学的研究出发,认为学习是神经元突触之间的联系的修正,不同类型的学习及其发生的相应转变存在于大脑的特定区域。

智力是可以发展的:加德纳认为智力可以在任何年龄阶段发展,或任何能力层次的人都可以通过学习让自己在各方面都变得聪明。多元智力理论认为智力具有生物基础，具有发展潜力，而且也承认文化在智力发展中的重要作用，不同社会对特定能力给予的文化上的价值也就成为了人们谋求发展在该领域的能力的动力。

1.个体的智力各具特点

作为个体，我们每一个人身上都同时拥有相对独立的多种智力，但每个人身上的多种相对独立的智力在现实生活中并不是绝对独立、毫不相干的，而是以不同方式、不同程度有机地结合在一起。根据多元智力理论，即便是同一种智力，其表现形式也是不一样的。

今天，加德纳的多元智力理论为我们提供了看待"聪明"问题和"成功"问题的全新视角：我们不能说各种智力哪一种重要、哪一种不重要，而只能说各种智力在个体的智力结构中占有重要的位置、处于同等重要的地位，在每一个个体身上都有自己独特的表现形式。

2.个体智力的发展方向和程度受环境和教育的影响和制约

在多元智力理论看来，个体智力的发展受到社会环境、自然环境和教育条件的极大影响和制约，其发展方向和程度因环境和教育条件不同而表现出差异。尽管各种环境和教育条件下的人们身上都存在着多种智能，但不同环境和教育条件下人们智力的发展方向和程度有着明显的区别。

3.智力强调的是个体解决实际问题的能力和生产及创造出社会需要的有效产品的能力

以加德纳的多元智力理论为代表的现代智力理论产生于重视解决实际问题能力和创造有效产品能力，并倡导全面发展和个性展示的当今信息社会。加德纳在斯滕博格的"三重智力理论"和塞西的"智力领域独特性理论"等的基础上，明确提出了智力就是与个体用以解决自己遇到的真正的难题,或生产及创造出有效产品所需要的能力密切相关的能力的观点。他认为,智力不是上天赐予少数幸运者的一种特殊脑内物质,而是每个人在不同方面不同程度地拥有的"一系列解决实际问题中特别是难题的能力"和"发现新知识或创造出有效产品的能力"。

多元智力理论在美国教育改革的理论实践中产生了广泛的积极影响,并且已经成为当前美国教育改革的重要理论基础之一。运用多元智力理论分析我国的教育问题,对于我们树立积极的学生观,因材施教的教学观和灵活多样的教育评价观,促进我国的教育改革和学生全面素质的提高有着重要的积极意义。

(四)学生观:承认差异、尊重差异、善待差异

正如加德纳所说:"时代已经不同,我们对才华的定义应该扩大,教育对孩子的最大帮助是引导他们走入适应的领域,使其因潜能得以发挥而获得巨大的成就感,今天我们完全忽略这个目标,我们实行的是一视同仁的教育,仿佛要把每一个人都教育成大学教授,对每个人的评价也都是依据这个狭隘的标准,我们应该做的是减少评比,多花心思在每个人的天赋上加以培养,成功可以有很多种定义,成功的途径是千变万化的。"

研究表明,多元智力理论中的每一种智力都有自己独立的发生、发展历程,发生的年龄是不一样的,发展的"平原时期"和"高峰时期"也不同。

时代呼唤的是多元,社会需要的是科学发展观,多元智力理论是一种应时代和教育需要而产生的教育理论。

第二讲　教师素质

第一节　教师素质的内涵

美国国家专业教育水平委员会(NBPTS)曾经对优秀教师水平做出过说明,即致力于学生和他们的学习;了解所教的科目,懂得如何将那些科目教授给学生;对管理和监督学生的学习负有责任;对自身的教学实践和经验学习进行系统化的思考;成为学习型团体中的成员。

第一,优秀的教师应该有相当的知识水平。这也是个体能够成为教师的基础,虽然很多人在教育领域强调教师所谓的"领进门"的作用,但教师为了能够实现教学过程,必须在某一学科或者某一领域有丰富的理论或实践知识。现有的教育体制也对教师提出了更高的要求,教师要教授学生,必然要有专业知识。

1. 知识水平突出表现在学科知识的深度。教师所教学科的知识的历史、现状、前沿都应该了解,尤其是对相应层次的学科知识的掌握更有深度。

2. 知识水平的广度和广博的兴趣特长。广博的知识不仅能够促进具体的教学,还能够培养学生的广泛兴趣,增强学生的可塑性。

3. 优秀教师能够自觉实现知识更新。知识更新是一个持续的过程,需要教师在整个职业生涯中努力做到这一点还是很不容易的。这就是说,教师不仅要有知识更新和再教育的意识,还要有这种毅力和能力。

第二,优秀的教师应该具备较强的专业能力。教师的专业能力应该被称为实施教学的能力,优秀教师的教学能力体现在下列方面:

1. 表达能力。教学内容的展现主要是依靠教师向全体学生表达出来,教师对教学内容的合适表达是在课堂中吸引学生注意力并保持注意力的一个因素。

2.课堂组织能力。课堂教学中对学生普遍关注,而不是对某几个学生特别关注或者忽视几个学生的发展;对教学内容的时间安排把握适度,能够按照教学计划来完成课堂教学;课堂教学还能够控制和调节课堂气氛。

3.教学设计能力。优秀教师对课程内容和教学过程有比较独到的理解,很多都对课程内容进行适当的调整,或者对教学媒体进行系统思考,选择最有效实施教学的媒体。

4.创新能力。对教学方法要进行创新,就是不断通过教学实践调整和优化教学。

第三,优秀教师应该有良好的职业道德素质。教师的职业道德素质是教师能够实施教学的基本道德要求。即:

1.爱岗敬业。教师首先要热爱自己的工作岗位,尊重自己的职业,对教师职业有责任感,在职业与个人、职业与家庭发生矛盾或冲突的时候能够理性地做出选择。爱岗敬业还表现在爱护自己的学生,尊重自己的学生等方面。

2.治学严谨。对于学术研究要尊重科技工作者的道德规范,尊重作者的知识产权,维护学术自由,尊重学术态度,诚恳地进行研究,不搞抄袭,不侵犯别人的知识产权。

3.进取心强。在教师从业的过程中,以一种进取的心态对待自己的工作和学习,追求新的进步和成绩,为了自己的理想,为了教育事业精益求精,不断进取。

第四,优秀的中小学教师应该有出色的个性特征。优秀教师的个性特征主要是指影响教学过程和师生关系的一些特征。

1.幽默风趣。幽默风趣的为人之道经常能够调整心态,使遇到困难时的鼓励或者取得成绩时的勉励更加有效,这种特性也能够博得学生的喜欢。

2.乐观豁达。能够对工作、对学生、对自己都有乐观的态度,以积极的心态影响学生。把教师的乐观态度传达给学生也能够影响学生的人生观,容忍学生的错误,耐心地进行指导,能够帮学生树立更多的信心。

3.有亲和力。乐于和学生交流,也善于和学生交流,善于建立融洽的师生关系和良好的互动氛围,并且能够适当地体现寓教于乐。

第二节　中小学教师素质评价

目前中小学教师评价主要有三种不同的类型:

(一)教师胜任力评价。主要是评估教师所需要的素质或胜任力,即教师基本的语言能力、思维能力以及基本的知识涵养。基本的知识涵养主要包括学科知识和教学法知识。

(二)教师能力表现评价。是对教师实际的工作能力及表现情况的评价,也就是对教师的实际教学行为进行评定,目的是了解教师的教学基本功以及教学态度。

(三)教师效能评价。是对教师教学的效果、效率、产出进行的评价,这种评价不仅仅停留在对教师课堂教学行为的评价上,而且关注教师对学生的影响效果,即对学生在教师的影响下在重要的教育目标上进步的情况作出评价。

以上三种评价类型对不同发展阶段、不同水平的教师来说,其侧重点是不同的。教师胜任能力评价对入职教师或者在分配教师任务时应用,能够帮助管理者更好地了解教师素质结构,以便择优录用,或量材使用,合理配置。这一类型的评价是教师入职的底线素质,即无论这些教师候选人其他方面的素质如何,首先必须达到入职评价的基本素质要求。也就是说,这些素质是成为教师的必要条件。强调教师入职标准的底线,一方面是保证入选者具备教师的基本素质,另一方面又要宽口径,避免标准过高,淘汰掉有发展潜力的教师;而教师能力表现评价是对那些具备了教师基本素质的教师的实际表现情况进行的评价,这一标准是对胜任教师的基本要求,是保证教学质量的前提。它更多地关注教师实际的教学行为,如语言的组织与表达能力、教材心理学化的能力、教学计划与准备、教学实施、教学评价、学生辅导能力、参与校务和班级管理能力、沟通能力及研究能力等。如果有的教师经过一段时间的努力在教学能力表现方面仍达不到标准要求,就应该考虑职业调整的问题。教师效能评价主要是对成熟教师的要求,即教师的注意力已不再集中于关照自身的教学行为是否符合外在的标准要求,而是更多地关注学生的反应,更有利地促进全体学生的充分发展,同时有了自己对教育、对知识、对学生的深层次思考,并力求通过研究和实践不断地自我实现。对教师效能的评价不仅通过学生学业成绩的变化体现出来,而且通过学生的"档案袋"分析或素质发展评价记录、教师的教育研究等渠道反映出来。对这个层次的评价比较困难,所以宜粗不宜细,关键是看指导思想是否正确。这类评价一般不作为淘汰或定级的依据,而是如何通过评价更好地促进教师向反思型教师的方向发展。需要指出的是,在以上三种评价中,教师的人格特征始终渗透其中,所以评价者需要透过有形的评估分析影响教师行为及教学效能的人格特质,并有针对性地进行教育和改善,使之更好地配合其他素质的发挥和发展。

第三节　中小学教师素质方面的主要问题

二十几年前,人们对我国中小学教师队伍的基本估计可以概括为:数量不足,待遇太差,地位低下,素质不高,队伍不稳,民办教师数量庞大。在改革开放二十几年后的今天,我国中小学教师队伍的状况已经发生了巨大的变化,教师的素质有了显著的提高。但是,目前中小学教师的素质现状与社会及教育发展的要求还存在一定的距离。其主要问题集中表现在以下几个方面：

一、师德问题

师德是教师职业道德的简称，职业道德是与人们的职业活动相联系的，具有自身职业特征的道德规范。各行各业都有自己的职业道德，做医生的有医德，当演员的有艺德，做教师的有师德。

唐代文学家韩愈在《师说》中给教师职业下的定义是："师者，所以传道授业解惑也。"就是说，"传道"是三大任务中的首要。而要向人传道，自己的道德就要高尚，这也是老师受人尊敬的原因。教师是"为人师表"的神圣职业，其一言一行都会影响到下一代的成长。因此，人们将教师视为"真正天国的代言者，真正天国的引路人"（杜威），称教师是塑造人类灵魂的工程师，把教育界称之为"最后一片净土"，然而社会发展到今天，人类灵魂工程师的灵魂也出现了问题，"最后一片净土"也不再干净。

改革开放以来，随着人们思想观念的日益多元化，在拜金主义、享乐主义、极端个人主义等社会不良风气的影响下，一些教师在教育教学过程中不注意修养自身师德，崇尚"利益至上"，放弃自我道德约束，以致自身的道德品质与社会要求出现较大反差。某些教师或无视本职工作，热衷于"有偿家教"，搞第二职业；或利用职业之便谋取一己之私；或以罚代教，违法乱纪，触犯刑律等等。教师的种种类似行为都有悖于教师的职业道德规范，有损于人民教师的形象，既影响了正常的教学活动，也严重损害了学生的身心健康。因此，有人发出"谁来拯救灵魂工程师的灵魂"这样的呼声。

二、专业素养问题

尽管我国绝大多数小学教师已达到了国家规定的学历水平，中学教师中的大部分也已学历达标。但是，由于我国教师队伍基础薄弱，与其他国家相比，我国《教师法》对中小学教师的学历要求偏低，对中小学教师专业素养的要求也就不高。中小学教师的专业素养问题还相当突出。

第四节　勿走入中小学教师素质自我提高的误区

中小学教师素质的自我提高是教育教学的需要,是教师自我完善的需要。可是,纵观中小学教师素质自我提高的目标意识,还存在着一系列的误区。

误区之一,教师的素质状况就是一种学历层次。正因如此,许多教师整天忙着提高学历、拿文凭。自考、函授等冲淡了许多本职工作,他们认为教不好学生是暂时的,得到了文凭,提高了自身素质也是为了学生,以一两届、两三届学生为代价来提高教师永远的素质是值得的。矛盾似乎在一部分教师的自我谅解中被化解了。

误区之二,教师的素质状况就是一种授课能力。教师以教书为天职,认真备课,好好上课,课堂效果理想,能够顺利、轻松地完成教学目标,这便是良好的教师素质。所以许多教师,特别是年轻教师在课堂教学上非常扎实地下着功夫,形式多样,方法独到,往往得到了许多同仁的赏识,对其素质赞不绝口,"素质"便定格在所谓的授课能力上。

误区之三,教师的素质状况就是教师的钥匙思路。解题思路宽、方法活、角度新、表达简洁、寓意深刻,这便是学生所青睐的教师素质。受这种传统评估方式的影响,一般教师都习惯于在难题、怪题上下功夫,以此方式向自己的那只桶里一匙匙地舀水,尽量使自己置身于题海之中,同时也将学生带入到"海"的深渊。

误区之四,教师素质状况就是将现代媒体应用于课堂的能力。对于农村学校、边远学校,对于一些资深的教师,将现代媒体充分应用于课堂可能是一个不小的难题,这其中的原因是多方面的。现代中小学教育教学要适应时代的发展,现代媒体将必须逐步到位,教师对现代媒体的应用也是自然的,这将会由个别到普及。然而,我们有些教师认为,能够认识现代媒体是良好素质的体现,把学习、钻研、应用现代媒体视为自我素质提高的全部,甚至还不顾实际一味地埋怨、责怪自己所处的那个地区或学校的落后扼制了自身素质的提高,他们往往把素质的自我提高全部倾注在对现代媒体的认识和应用上。

误区之五,教师的素质状况就是博览、博学。相当一部分教师认为,教师良好素质的表现就是能够博览、博学,能够成为"通才",能够回答学生所有的问题,能够熟悉多种学科的内容,因此,他们不断地钻研着许多的知识,在朝"全能"目标而疲惫不堪地蠕动着,结果是专业不专,教育教学工作不尽人意。

误区之六,教师的素质状况就是学生的考分情况。每次的月考、统考、联考、抽考等分数情况,学生看重,家长看重,学校管理者们更是看重。在他们眼中,理想的教师素质与学生的考分有着至关重要的联系。分数即能力,分数即素质的陈旧观念仍在禁锢着一部分人的思想、从而使教师自我素质的提高变了味。

误区之七,教师的素质状况就是著书立说的能力。许多主管领导往往也比较看重教师的这种能力。首先肯定能著书立说发表文章是教师较高业务素质的一种体现,是教师在教育教学工作中对某些方面的总结和升华,可是有些教师却把这种能力转移到钻研本职工作之外的内容上,只要能有东西发表,不论是什么,总感到欣慰。教育教学工作如何?能否是对教育教学工作的总结?无暇顾及,相当于"种了自留地,荒了责任田"。

中小学教师素质自我提高存在种种误区,这些误区的形成主要是教师自身对教师职业道德和教育思想定格比较模糊。关于教师的素质问题一定要注意其全面性、相互渗透性,必须注重其深度、广度,必须时时刻刻考虑到教师自身对学生的潜移作用和表率作用,重视或偏废任何一个方面都是不可取的。

第五节 中小学教师素质的现状分析

近年来,特别是改革开放至今,我国的基础教育领域取得了可喜的成绩,为各类高校输送了无数的优秀人才,为祖国兴旺发达奠定了坚实的基础。在老一辈教师的指导和培养下,一批年富力强的专业教师正在茁壮成长,肩负着培养成千上万的中学生的光荣使命。然而我国中小学教师队伍在数量和质量上都远不够适应教育事业发展的需要,况且全国范围内的教育激进者们都在研究解决从"应试教育"向素质教育的转变,柳斌就曾指出:"素质教育是与'应试教育'相对应的,它是以提高公民思想品德、科学文化和身体心理、劳动技能素质、培养能力、发展个性为目的基础教育。"面对基础教育的任务,面临 21 世纪的挑战,许多教师在大谈特谈如何提高学生素质的同时,能否在思想上再上一个台阶,怎样提高我们教师自身的素质呢?

然而,我国正在实行具有中国特色的社会主义市场经济,这种经济体制还没有完全定型,各种法律法规还不够完善,这在中小学教师中出现了许多不平衡现象。教师这个庞大的群体与其他百姓一样,并不是不食人间烟火,由于教师思维的灵活性、视野的广阔性,正如毛泽东所说,知识分子具有两面性,是一个不稳定的因素,所以他们的素质不是单纯可以靠崇高的思想、特别的评价和丰富的专业知识可以稳定和提高得了的,还需要经济、物质生活作强有力的后盾。

长期以来,我国政府对基础教育的投入都相当低,世界发展中国家政府对基础教育的投入平均占国民生产总值的 5%,而我国自 20 世纪 90 年代以来一直在 3% 以下,这无论是对教学环境的改变,还是对教师待遇的改变都只能是杯水车薪,更何况是由基层一级政府来管理的基地教育。多年来,基层政府把学校看成一个极大的包袱,因为学校在他们领导的任期内不能出现所谓的"政绩"。这是由于教育周期的特殊性所决定的,因而教师工资不仅不能足额发放,而且还长期不按时发放。在这样一个大前提下,许多教师就再也不想拥有"太阳底下最光辉的职业"这个美丽的花环了,他们的功利主义思想日趋直上,他们要为生活绞尽脑汁;要为子女择业四处烧香拜佛;要为购买住房八方求援。青年教师中"辍教"现象日益严重,改行现象日益严重,教师中不正当竞争日益严重,加之教师的直接领导者制定不科学、不规范的竞争方案,造成了大量的教师资源流失,这些都是造成教师思想素质下降的主要原因。

就整体社会而言,部分中小学教师收入的不平衡造成了他们思想上的不平衡,这样在工作上自然不会有好的态度、好的方法、好的效果。因为他们的思想重点不在教育上,他们违背了教育宗旨,长此以往,思想素质下降了,科学文化知识淡忘了,教育教研能力降低了。教师中有人说,教书这一辈子就输了;有人说,知识群体中最傻的才教书;有人说,最无用而又没有关系的人才去教书,请问素质何在?

从中小学教师队伍的业务上看,水平也参差不齐。他们有本科生、专科生、中师生、民转公的、被请为临时代课的,有的初中毕业教小学;有的初中毕业教初中。有的高中毕业教初中。再者中小学教师的教学任务之重、学生之多、时间之紧,极少有机会改变或提高自己,且不说不合格学历的教师需要学习、需要提高,即使是本科生、专科生也完全有必要接受新的教学理论和教学方法的教育,借此不断更新知识,使自己的教学理论水平和教学方法日趋完善,以达到真正提高素质的目的。

教育要与国际接轨,对基础教育领域的教师素质提出了高标准、严要求。随着新世纪的到来,我国中小学教师面临严峻的挑战,综合国力的竞争,说到底是人才的竞争,这是不需争辩的事实。中小学教师的素质是制约基础教育与发展的关键;是提高教育质量的关键;是发展综合国力的关键。既然如此,国家教育主管部门和地方教育主管部门在制定一系列提高教师素质的客观标准的同时,也应当在发挥教师提高自身素质的主观能动性上下功夫,后者是起最主要的作用。因此影响教师素质的因素有以下几点:

1.社会形象

社会形象是教师素质的外在形式之一,影响教师的社会形象有几个方面:一是这个职业在整体社会行业中的地位。百姓对教师这一职业的评价是:九等公民是教员,山珍海味认不全。可见此职业地位之低。二是教学业绩所造成的社会影响。现在都是独生子女,望子成龙者甚多,择师、择校的社会现象足以说明问题。三是教师本人在社会活动中的行为表现。有了事业地位之高的社会评价,就迫使教师在自己行业中不断提高自己。

在大力宣传提高人口素质的今天,试问提高人口素质从何处开始?不容置疑,从基础教育开始,要把沉重的人口负担转化为巨大的人力资源优势,提高人口素质、提高教师素质的工作就显得尤为重要了。要使中小学教师自觉而主动地在提高自身素质上下功夫,中小学教师在整个社会中的形象地位的重要性就可想而知了。目前许多教师也深知自己的素质有待提高,但因长期的社会地位之低、经济收入之薄、生活环境之差等低劣形象,已使他们缺乏了主观能动性,失去了前进的动力,失去了实现自我价值的勇气和信心。须知安贫乐教也重要,生活需要也不能少。

2.品德修养

一个教师要有崇高的师德表现,首先,要热爱党的教育事业,工作要很投入;其次,要严以律己,以身作则,举止言谈堪为表率;其三,要关爱学生,做学生的准父母;其四,治学要严谨,要不断满足新形势对教师提出的新要求;其五,要团结同事,工作上互助合作,取长补短,而不要故作文人相轻之状、老死不相往来之态;其六,密切联系家长,共同协作教育学生;其七,转变和更新教育观念以不断适应社会的需要。

3.科学文化知识

新世纪对教师专业知识的要求已是一个中小学教师最基本的要求了。除此以外还应具备:一是能够运用到实际工作中的教育学科知识,如在政治、经济、法律、宗教、文艺及自然科学知识和现代科学知识等方面都要有所涉猎、有所掌握,以此来满足学生的好奇心和求知欲。三是教育信息及社会信息的掌握与运用,如此可以及时解决当代学生提出的新问题。四是具有很好的提高教学质量的策略和方法,这是树立教师业绩形象的关键因素,一个教师有了这种能力就可以把自己的教学方法加以总结并上升到理论让别人学习,以此来相互提高,共同进步。

4.健康的身体和心理状况

健康的身体是人体活动的一种基本能力。过去银幕上树立的教师形象都是瘦弱多病,以此可说明教师的辛勤劳作,但同时也反映了教师的生活状况,现在银幕上这种形象不见了,足以证明教师生活环境的有所改善和地位的有所提高,试想一个教师如果没有较强的耐力、充沛的精力以及耳聪目明、声音洪亮,他还是一个健康的教师吗? 他还能正常工作吗?

心理健康方面:教师要清楚地认识自己,时刻平衡自己,面对社会上"教师是鸡蛋里能挑出骨头的人""教师是最斤斤计较的人""最不愿结交的就是教师"以及"教师是最吝啬的人"等等不友好的评价,无论是当面还是耳传,都要有足够的心理承受能力,而面对学生的各种麻烦必须要有较强的耐受力。更主要的是不能把这些麻烦引起的不好情绪带上讲台,殃及学生。

第六节 如何缩小我国教师素质的现状与新世纪教师素质的要求

我国教师素质的现状与新世纪教师素质的要求有相当大的差距,那么如何缩小这种差距呢?我认为要从如下几个方面入手:

1.国家政府要加大对基础教育的投入,以进一步改善教学环境,提高教师待遇,进一步发挥教师的主观能动性。

2.吸收有能力的部分中小学教师进入基层政府的常委会,给教师以参政议政的机会和权力。如此再也不会形成"两耳不闻窗外事的教书先生"了,这是新形势对教师的新要求。

3.改变初级中学的课程设置,实行既能与高中"3＋x"的课程接轨,又能为当地培养技术人才进行科学的综合的课程设置。

4.学校要实行教师任课单班和小班制,这样可以让教师有时间、精力改变和提高自己。

5.学校领导要经常开展市内外、区内外、省内外乃至国内外的交际与交流活动。这样,学校之间可形成一个学习网络,互相学习。须知,"尺有所短,寸有所长",如此可提高教师的整体水平。

6.教师的直接领导单位要及时制订出符合新时期对教师要求的评价系统,以在教师的客观评价系统方面更加完善、更加周密、更加科学。

7.教师的直接领导单位要及时制订出具体、切实可行的提高教师素质的方案、步骤以及评检系统。

总之,影响中小学教师素质因素的多样性和复杂性说明教师素质的高低与社会的发展、国民素质的提高以及综合国力的强弱有着极其重要的关系。这既应该引起教育系统内部领导的重视,也应该引起其他行业领导乃至全社会的重视,只有这样,我国的基础教育才可持续发展,不断适应社会发展变化的要求。

第三讲 师德素质

第一节 如何塑造良好的师德形象

如何更好地界定和理解教师素质？基础教育阶段如何落实和提高教师的师德素质？如何对实施中的中小学教师素质进行评价？中小学教师素质研究中有哪些新的走向？……探讨关于中小学教师师德素质的若干问题，有助于广大中小学教师进一步正确地理解素质概念本身和提高自身素质的重大意义。

我们已经听见了21世纪的脚步声，随着时代的进步和发展，我国进入了改革开放的最关键的攻坚阶段，教育体制、教育思路的根本变革时代已经到来。由"应试教育"转变为"素质教育"的话题，教育界已经议论了多年，然而现在已经到了付诸实施、全面启动的时刻了。正如美国劳工部长赖特在他写的一本书中认为：在下一个世纪决定一个国家的兴衰的不是它拥有的财富、资源，而是其公民的素质、思想、智慧等这些最基本的东西。

教师历来被称为人类灵魂的工程师。顾名思义，教师不仅是传道授业，更是人类灵魂的缔造者。因此，教师的形象不仅体现在学业上，更体现在行为上。所以，如何在教学中树立教师良好的形象，是教师在钻研业务、提高自身素质的同时，必须认真思考的问题。那么，如何在学生心目中建立一个可亲、可敬、令人信赖爱戴的师德形象呢？

一、教师要有精湛的教学能力

作为教师,教学能力是他的基本能力。所谓教学能力主要体现在教师对知识的传授和对课堂的把握上。教师不仅要钻研业务熟读教材,还要掌握灵活的教法,善于将所学的科目灵活透彻地传递给学生,使学生在教师的循序诱导中将所学的知识慢慢消化、理解及至全盘接受。同时教师还要善于观察学生,调动学生的情绪,把握学习的氛围,使学生时刻跟着教师走,让学生在对教师的敬仰中学好每一堂课。可以说,精湛的教学能力是征服学生的首要手段,也是树立教师形象的必要前提。

二、教师要有渊博的知识

教师要想在学生心中有良好的形象,不但要精通本学科知识,还要博览群书、知识渊博。这样在授课时就会将各个领域的知识巧妙地渗透给学生,使学生在本学科知识的基础上学到更深、更广的知识,拓宽学生的视野,陶冶学生的情操。学生在教师潜移默化的影响中慢慢地成长,知识的积累使学生对教师充满了渴求,学生的心不自觉地和教师拉近了,教师的形象能不提高吗?

三、教师要有饱满的热情,博大的爱心

学生都喜欢热情真诚的教师。教师站在讲台上首先给学生的是一种视觉上的感受。试想,一个无精打采、垂头丧气甚至满脸沮丧或表情木然的教师出现在学生面前,会是一种什么样的情景?所以,教师必须以充沛的精力、饱满的热情投入到教学中,在学生面前呈现出旺盛的精力、飞扬的神采,才能激发学生的热情,使学生也展现出良好的精神状态。同时,教师必须有博大的爱心,真心地爱每一个学生,关心他们,帮助他们,让他们感受到教师真切的关怀和温暖,用你的真心换取他们的真诚。师生之间架起

一座友谊的桥梁,学生以教师为荣,教师以学生为骄傲,师生间真正地水乳交融,教师在学生面前怎么能没有好的形象?

四、教师要懂得尊重学生

尊重学生是取得学生信任、赢得学生爱戴、树立教师威信、奠定教师良好形象最重要的环节。每个学生都希望获得教师的重视,得到教师的认可,教师的每一个眼神、每一个动作、每一句话语对学生都是一种鼓励。所以,教师必须用心对待每一个学生,不要轻易地动用呵斥或中伤的语言,避免挫伤学生的自尊,伤害师生的情感。经常有教师用挖苦、嘲讽的语言对学生说话,从而引发学生对教师的反感,久而久之学生势必会对教师产生抵触情绪,何谈教师的形象呢?所以,教师要想在教学中,树立学生心中最喜爱的教师形象,首先要记住:"尊重学生就是尊重自己。"

总之,教师要在教学中树立良好的形象,决不是纸上谈兵、满嘴空话,一定要付诸行动。只有在你真实的言行中,用你的热忱、用你的坦诚博取学生的信任和爱戴,你的师德形象才会提高。

第二节 "师爱"对中小学师德 提高的重要意义

"爱"是从教者的永恒主题,是教师的天职,是教师职业道德的基本要求。教育是培养人的事业,教师是培养人的专门劳动者,对待培养对象要有慈父、慈母之爱,也就是说要像爱自己的孩子一样爱护学生,时常设想"假如我是孩子""假如是我的孩子"我该如何。教师的职业是一个特殊的职业,教师的主要工作是育人,育人途径多样,但"爱"应始终贯穿其中,"爱"是沟通师生心灵之间的桥梁,是教书育人的基础。

首先,"爱"是"泛爱"而不是偏爱。

教师对学生的爱,应是一种职业情感,不是个人情感,故而师爱是"泛爱",而不能是"偏爱"。教师对学生的爱应是职业的、无私的、公正的,是面向全体学生的爱,而不是一部分学生,也就是说教师无论教哪个班级,无论所教学生是优是劣、是贫是富,都应一视同仁,待之以爱,不能随个人喜好、利益来选择,否则就不是"师爱"更谈不上"师德"。由于学生各自的心理及成长环境不同,呈现在教师面前的形象也就千差万别,特别是学生家长的社会地位、身份地位及职业各不相同,教师更应一碗水端平,坚持平等对待原则,切不可受那些外界因素影响而左右自己的观点、态度。

其次,"爱"是"严爱"而不是"溺爱"。

教师对学生的情感是道德情感,而不是私人情感,出于教书育人的目的,对学生的爱应是"严慈相济",也就是说既要有母爱的纯真、慈祥,又要有父爱的严格、庄重,在态度上和蔼、严肃,行动上严格要求、细心关怀。

第三,爱学生要尊重信任学生。

对学生尊重信任应是为师执教应有的态度和行为,这是为师最为基本的职业道德。在正常的社会交往中,相互尊重、相互信任,是人对人应有的基本行为准则,教师对学生尊重信任也只不过是人对人应有的基本态度和行为准则而已。即使不做教师,这也是为人处世应有的道德修养,对教师而言更应如此。假使缺乏对学生的尊重信任,不仅不能为师,而且也不是一个有完整道德修养的社会人。从这一层面上来讲,在具体的教育活动中,教师对学生的任何不尊重,都应受到谴责。因为这种态度和行为,没有把学生当作一个有独立人格尊严、有为人权利的人来看待,而是损害践踏了他们为人的尊严及权利,是对学生人格的漠视和身心的损害。尊重信任学生并不是放弃对学生的批评教育,假使那样,又变成了放任。可以批评教育学生,但不能污辱学生的人格,不能漠视学生应有的权利。漠视或污辱学生人格尊严,不仅是不道德的,而且还会带来学生的畸形发展。因为在漠视和污辱中成长的人难以有做人的尊严,既学不会尊重人,也不会自尊,心灵麻木,自尊丧失。为师之人,倘使是这样一种情形的话,敢问师德何在?良心何在?

热爱学生是教师最基本的行为准则,是师德范畴的一项重要内容。教育学生是个艰巨的塑造灵魂、性格的工程,作为一名人类灵魂的工程师,在培养教育学生的过程中,应该像斯大林所说:"要小心翼翼地培养人,就要像园丁栽培心爱的花木一样。"

第四,用规范的言行、奉献的人格,净化塑造每个学生的心灵。

"无德无以为师。"真正优秀的教师,一定是以身作则、率先垂范的人。他对祖国的爱,对学生的爱,对事业和未来的爱,都表现在他对自己的高标准要求的落实上。率先垂范就是对学生真正的负责,就是潜够默化、影响深远的教育。

学生在日常生活中接触最多的除了父母长辈等家庭成员之外,就要数教师了。教师必须处处、时时、事事、言言、行行,严格要求自己。教师在学生的心目中是高大的、可信赖的,他们认为教师所说的、所做的都是正确的,可见教师言行的好与坏都会给学生留下深刻的印象,并起着潜移默化的作用。所以，为师者必须时刻以"德高为师，身正为范"这八个字提醒自己。有的教师在课前不认真备课，上课时应付了事，甚至课上传授了一些错误的知识，或作一些模棱两可的解释，而后又不肯向学生认错，将错就错，最后损害的是教师的形象、教师的威信。相反，若能知错就改，学生不但不会嘲笑你，而会更尊敬你，大大增强你的威信。

《论语》有云："其身正，不令则行；其身不正，虽令不从。"垂范师德不是一朝之功，而是时时之事、处处之事。如果教师在学校教育学生要尊老爱幼，而自己在实际生活中却并没有为学生树立起榜样，试问：教师尚且做不到，又有什么理由去教育学生呢？教师只有规范自己的言行，做到为人师表，才会使学生如沐春风般地受到教育，使每个学生的心灵得到净化，教师自然也会赢得学生的尊重和爱戴。

在市场经济浪潮的冲击下，越来越多的不正之风也在校园里蔓延。因此，面对窗外的灯红酒绿，教师更应该以陶行知先生"为一大事来，做一大事去""捧着一颗心来，不带半根草去"的崇高精神激励自己，坚定选择为教育事业奉献青春的人生之路，只讲奉献，不求索取，敬业乐业，无愧于"教师人类灵魂工程师"这个美誉。决不能让一些不良风气玷污教师这片净土，影响学生纯洁心灵的塑造！

身为教师，我们不能把教书育人降低到只传授知识的层面上。我们有责任、有义务从现在做起，从自身做起，通过学习不断地在思想上、政治上、文化上充实自己，努力提高自己的从教素质。以无私奉献的精神去感染学生；以渊博的知识去培育学生；以科学的方法去引导学生；以真诚的爱心去温暖学生；以高尚的师德去影响学生，用健全的人格塑造一切学生的美好心灵，影响一代又一代的学生，真正成为一名优秀的人民教师。

第四讲 专业素质

第一节 中小学教师的三大知识结构

教师的天职是教书育人,合理的知识结构、渊博的知识是教师完成工作的基础,是一名优秀教师的必备条件。笔者认为,中小学教师的专业素质应该包括三大知识结构和六大能力。而比较合理的知识结构,应包括下列三个组成部分。

1.通晓所教的学科和专业

教师所教的学科和专业是其向学生传授知识的必备的基础。教师必须对所教学科的知识有比较系统而透彻的理解,其中不仅仅是对知识本身的理解与占有,还应该对本学科的边缘知识加以了解,如对本学科的历史、现状和未来作出过重大贡献的著名科学家、学者的事迹等等,这也是一个教师对本专业拥有爱的基础和表现形式。

2.具有比较广泛的基础文化知识

现代教育对教师提出了更高的要求,教师的任务不仅仅是"教书",更重要的是"育人"。因此,教师对学生施加的影响必须是全面的。教师要获得向学生施加全面影响的手段和才能,必须在通晓一定专业知识的前提下,拥有比较广泛的文化科学基础知识,包括一定的"文史哲""数理化""天地生""体音美"等学科的知识和一些相应的技能。如写作、计算、唱歌、绘画、体育活动、社交、演讲、管理等方面的技能。

3.掌握教育科学理论,懂得教育规律

能否掌握教育科学理论,懂得和运用教育规律,是教师能否提高教育效益的一个重要条件。正确、合理利用规律往往可以达到事半功倍的效果。教师仅仅有了广博的知识是不够的,还必须学会善于根据各种规律运用科学的方法实施教学。这就要求教师必须具备一定的教育学、心理学知识,懂得青少年身心发展的一般特点、个性和品德形成的一般规律以及如何根据这些特点和规律实施有效的教育。事实也证明,越懂得和利用规律,教学效益越好。

经过教师加工设计过的各种方案,要使之付诸实施并作用于学生还必须经过一个传导、施加影响的过程。这种传导、施加影响的能力,也是教师能力结构中的一个重要方面。它包括教师的言语表达能力、组织管理能力和教育智力等内容。

1.言语表达能力。言语,是教师用以向学生传授知识最经常、最重要的形式。言语表达能力是教师教育才能的重要组成部分之一。每个教师都应该自觉地注重自己的言语能力的训练,以使自己的言语达到:准确通俗,在遣词造句上,教师选用的词语应该能够确切地表达自己的思想情感,做到既合乎语言规范,又通俗易懂。

教师良好的言语表达能力并非生而有之,也非一朝一夕可得。它要求教师在拥有丰富词汇储备、掌握语法的规律的基础上不断地训练,不断地发展。

2.组织管理能力。教师所面临的对象不仅是单个的学生个体,同时也是一个集体的班级,这就需要教师具备相应的组织管理能力。组织管理是教育过程中一个不可忽视的因素,它是使教育影响发生作用的组织保证,是教师的能力结构中不可缺少的。

教师的组织管理能力是一种综合性能力,除了表现于教学工作的组织之外,最突出的表现是对良好班集体的组织建设。

教师组织能力的一个重要方面是要充分地运用学生集体的力量去

推动各项工作,尽量避免"单枪匹马作战"。实践证明,通过小组以及同学与同学之间的帮助去解决某些棘手的问题,往往比教师亲自处理的效果要好得多。

3.教育智力。教育智力是教师在教育活动中表现出来的对非正常情况做出正确而迅速的判断并给出合理的解决方案的能力。这种能力是教师善于观察、熟悉情况、敏捷果断和丰富经验的产物,是教师高度的责任感、良好的道德修养和智慧水平的结晶,它集中表现了教师的教育才能,是一种高超的教育艺术。

4.书面表达能力。大家知道,板书是符号性质的辅助性语言,是知识的凝练和浓缩,板书设计应注意"五性":保持教学内容的系统性,教学内容的概括性,揭示知识的规律性,给学生的示范性和形式的新异性。

5.观察能力。这里主要包含两个方面,一方面是能迅速地发现学生的课上特别是板演中书写的问题,答案中的差错,并能较准确地看出产生差错的主要原因,以便有的放矢地引导学生自己改正差错。另一方面是能随时观察学生动态,如发现有"瞠目状态"(可能对教师的讲解或引导难以理解)或"不屑听取状态"(可能对教师所讲感到过于浅显而繁琐)时,应采取及时反馈措施,以便对原设计的教学过程进行必要的调节,也称之为"二次备课"。

6.聆听能力。这里指的是准确地听清学生口头提出问题的能力、准确地听清学生口头回答问题的内容的能力和准确地听清学生间互相讨论的内容的能力。由于年级越低的学生,一般地说,他们的口头表达能力也是越低的,常常是"词不达意",因此,教师必须能分辨学生口头语言实质的正误,才能准确地答疑、补充或矫正错误而不致挫伤学生的学习积极性。

7.教态。这里指的是要求教师在教学中,使学生能充分发挥学习积极性应持有的态度,不妨借用《学记》中指出的,要在"道而弗夺,强而弗抑"的基础上表现出负责的精神、和蔼的态度,以及高度感染的凝聚力,以使学生感到分外亲切,始终保持高度的学习积极性。

第二节　教师应具备的专业素质

作为现代教师,除符合《教育法》《教师法》提出的基本要求外,还必须具备以下专业素质:

一、科学正确的教育观念

要树立正确的教师角色观:教师不是"教书匠",而是学生学会做人的引领者;不只是知识的传授者,更应是学生学习的促进者;不只是教育教学的工作者,还应是教育教学规律的研究者。要树立正确的教师行为观:在处理师生关系上,强调民主和平等、尊重和赞赏;在处理教与学的关系上,强调对学生的帮助和引导;在对待自我上,强调常反思;在对待同行上,强调相互学习与合作。要树立正确的学生观:承认学生是发展的人、独特的人、具有独立意义的人,是学习的主体和责权的主体。要树立正确的教学观:教学不是单一的教师教、学生学的过程,而是师生交往、情感互动、共同发展的过程;不仅要重结论,更要重过程。

二、良好的师德修养

教师是人类灵魂的工程师,与其他职业相比,教师职业具有突出的示范性、公众性和教育性,因此教师应该具备更高更严格的职业道德素养。教育部颁发的中小学教师职业道德规范,就是教师应具备的师德素养。实践告诉我们,教师的高尚人格是良好师德的基础。教师的人格魅力对学生发展的激励价值、情感的陶冶价值、道德升华的价值、意志强化的促进价值,都是不可估量的,有的甚至会影响学生的一生。实践还告诉我们,树立科学的教育观念是良好师德养成的先导,在科学的教育观念指导下养成的师德,才能引导和促进学生的全面发展和终身发展。

三、较高的学识水平

国家对中、小、幼教师明确规定了学历标准。随着我国高等教育的快速发展,对教师的学历要求将会进一步提高。学历在一定程度上反映知识视野和学识水平,但仅此不够,在当今知识快速更新的时代,必须不断学习,终身学习,掌握新知识。现代教师不仅要有坚实的学科专业知识根底,更要掌握教育学、心理学等教育专业知识,还要广泛涉猎自然科学、社会科学、哲学领域,具有广博的知识视野。

四、驾驭教育教学的能力

教育教学能力是教师应具备的最基本也是最根本的能力素质。这一能力素质显现在教师能够根据教育教学的内容和学生实际,遵循教育教学和学生发展规律,运用恰当的方式方法组织好教育教学活动,以达到理想的效果。新课程标准要求教师,要实践课程新理念,能够根据"知识与能力""过程与方法""情感态度与价值观"三维一体的课程目标,设计组织课堂教学,使课堂形成师生互动、生生互动、共同参与、积极探究的氛围,促进学生学习和发展,全面提高课堂效益。

五、教育教学研究的意识和能力

作为教师不能被动地等待运用别人的研究成果,教师自己就应该是一个研究者。教师在教育教学过程中,要以研究者的心态置身于教育教学情境之中,以研究者的眼光审视和分析教育教学实际中的各种问题,对自己的行为进行反思,对出现的问题进行探究,对积累的经验进行总结,使其理论升华,成为规律性的认识。这种把研究与教育教学有机地融为一体的研究能力,是教师由"教书匠"转为"教育家"的前提条件,是教师持续发展的基础,是提高教育教学水平的关键。

六、较高的现代信息素养

教育信息化,要求教师在教育过程中掌握和运用以计算机、多媒体和网络通信为基础的现代信息技术,促进教育教学改革,从而适应信息化社会提出的新要求。现代教师必须具备较高的现代信息素养。一方面要具有高效获取、批判性吸收存储、创造性使用信息的能力,以更新扩充新知识,适应知识成倍增长对当代教育的要求。另一方面要具有整合信息技术与课程的能力,逐步实现教学内容的呈现方式、学生的学习方式以及教学过程中师生互动方式的变革,提高课堂效率。

以上是根据教师的职业特点,概括出来的教师应具备的六大专业素质。

第三节　中小学教师专业素质的表现

中小学教师专业素质主要表现在以下几个方面:

（一）端正的工作态度

态度决定一切,细节决定成败。教师对工作的态度,最重要是体现在以下两个方面:

1. 要有强烈的责任意识

教师的教育行为至少要面临三项责任:一是岗位责任。就是要爱岗敬业,教书育人,为人师表,这是教师的职业特征。二是社会责任。人民群众把子女送到学校,就是把家庭的美好希望都寄托给了学校。教师有责任和义务把学生教育好、保护好、培养好,有责任让家长放心、满意,有责任促进教育公平,构建和谐社会。三是国家责任。我国是拥有13亿人口的大国,"落后就要挨打"的沉痛教训和现代化宏伟目标,都要求将沉重的人口负担转化为巨大的人力资源,这个转化工作需要教育来承担,这也是广大教师和教育工作者对整个中华民族的未来肩负的责任和义务。

2.要有无私奉献的精神

教师的工作是繁杂的,不只是限于工作上的八小时,它充斥着教师的整个生活之中,如果教师没有奉献精神,是做不好这项工作的。教师的工作又是精细的,它需要教师事无巨细、面面俱到,它还需要教师要有无私奉献的爱心,既要了解学生的爱好、才能、个性特点和他们的精神世界,又要公平、公正地对待所有学生,尊重他们的人格和创造精神,与他们平等相处,走进学生的内心世界,用自己的信任与关切,激发他们强烈的求知欲望和创造欲望。

(二)正确的教育观念

教师在教育活动中,首先,要树立正确的教育理念。即要树立以人为本的教育理念,培养学生的人文精神,发展学生的个性特长,塑造学生的完美人格,为学生终身发展打下坚实的基础。其次,要树立正确的教师观。教师不只是"教书匠",更是学生学会做人的引领者;不只是知识的传授者,更应该是学习的组织者、促进者;不只是教育工作者,还应该是教育规律的研究者。第三,要树立正确的学生观。学生是发展的个体,是可以塑造的人,他们是具有独立思想、观点的人,是学习的主体和责权的主体。第四,要树立正确的教师行为观。在处理师生问题上,不能强调"师道尊严",而要强调民主、平等、尊重和赞赏;在对待自我上,要常常反思,每日"三省吾身";在对待同行上,要相互学习,取长补短,要相互合作,共谋发展。第五,要树立正确的教学观。教学过程不只是单一的教师教、学生学的过程,而是教师对学生的帮助与引导、师生交流、情感互动、共同发展的过程;教育过程不仅要重结论,更要重过程,通过积极地激发学生的兴趣,达到开发学生的思维和培养学生的能力的目的。

(三)良好的师德修养

教师是人类灵魂的工程师,是太阳底下最光辉的事业。与其他的职业比较,教师的职业更具有其示范性、公众性和教育性,因此,教师的职业要求教师应该具备更高、更严格的职业道德修养。师德修养的核心就体现在一个"爱"字上,一个教师不在于他教了多少年书,而在于他用心教了多少年书。有些教师年复一年地教,教了一辈子书,却从未在教书的过程中找到乐趣,心中也从未涌起爱的激情,因此,就不能把握到教育的真谛,也不能取得教育的成功。良好的师德修养,应该是投入全身心的力量,去爱教育、爱学生。教师只有爱教育事业,才会取得事业成功的乐趣;爱学生,才会独具慧眼,发现每个学生的潜能,鼓励学生不断地探索,才能使学生的才华得到淋漓尽致的发挥。

(四)广博的学识

教师既要有广博的知识,又要通晓基本的社会学科、自然学科的知识,做到博学多才。实施素质教育,培养学生的综合素质和创新能力,教师的博学多才是至关重要的。

1.教师要精通自己所教的学科,具有扎实而渊博的知识

马卡连柯说过:"学生可以原谅老师的严厉、刻板,甚至是吹毛求疵,但不能原谅他的不学无术。"苏霍姆林斯基也指出:"只有教师的知识面比学校教学大纲宽广得多,他才能成为教学过程中的精工巧匠。"对每一个教师来说,不仅要熟悉所教教材的基本内容,形成完整的知识体系,还要加强进修和不断学习,跟踪学科的学术动态,了解新观点,掌握新信息和新技能,不断更新知识,站在学科前沿,实现教师由经验型向科研型转化。

2.教师应该博学多才

作为一个教师,跟其他的专家不同,他需要掌握各方面的知识,力争"样样通"。一个知识面不广的教师很难给学生以人格的感召。学生年龄越小,他们对教师的期望就越大,他们常常把教师当成百科全书。在学生眼中,教师是无所不知、无所不晓的,如果教师一问三不知,或者经常被问住,学生会非常失望,对教师的信任度和崇拜程度将会大大降低,也将直接影响教师的教育教学效果。因此,教师要勤于学习,不断完善和充实自我,做一个知识渊博的教师。

3.教师应具备教育科学的理论修养

科学的教学需要科学的理论指导,教师要较好地实施素质教育,就必须掌握好教育学、心理学和学科教学法的理论基础知识。教师不仅要懂得教什么,还要知道怎么教以及为什么这么教,用科学的理论去指导自己的教学实践,会取得事半功倍的效果。

4.较强的教育教学和研究能力

教师不仅要有广博的知识,还要有具有学科特点的教研能力。

(1)驾驭教育教学的能力

教育教学能力是教师应具备的最基本的,也是最根本的能力素质。它要求教师能根据教育教学内容和学生的实际,遵循教育教学应有的规律以及学生的发展的规律,运用恰当的方式方法,组织好教育教学活动,达到理想的效果。

(2)良好的语言表达能力

语言表达是一切教育工作者必备的主要能力。由于条件限制,很多实事不能一一再现,常常需要教师通过语言来描述。把丰富的知识通过语言描述来传授给学生,这就需要教师的语言准确清晰,具有科学性;简练具有逻辑性;生动活泼,具有形象性;抑扬顿挫,具有启发性。

（3）较强的创新能力

教师要想更好地完成教学任务，不能被动地等待运用别人的研究成果，或者生硬地照搬照学，而应该以研究者的心态，置身于自己的教育教学活动中去，认真分析教育教学中出现的各种问题，反思自己的教育教学行为，对出现的问题进行探究，找出新的解决方法。同时依据时代要求，要善于吸收最新的教育科研成果，并把它创新地应用于自己的教育教学实践中，最大限度地提高课堂教育教学效率。教师的创新包括：独到的见解、新颖的教学方法、创新的思维、凸显的个性、探索的精神、民主的意识等等。只有教师具有了创新意识和创新能力，教师才会持续地发展，教育教学水平才会稳步地提高。

（4）较强的组织能力

组织能力是一名教师取得教育和教学成功的有力保证。缺乏组织能力的教师，无论其知识如何广博，都难以完成教育教学任务。较强的组织能力又包括组织教学能力和课外活动组织能力。

组织教学能力是指教师能激发学生学习兴趣，集中学生的注意力，灵活调节教学过程，活跃课堂教学气氛，控制教学环境，引导学生积极思维，发展学生的创新能力，维护课堂秩序，处理课堂偶发事件等。

学生所接受的教育活动，不仅仅局限于课堂，很多时候，需要走出去，参加类似于讲座、讲演、展览、表演、制作、考察、竞赛、社会实践活动等，教师应有能力组织并指导这些活动，使之形成人人参与、自己动手、发挥特长、凸显个性的开放式学习氛围。

（5）较强的教研能力

教师不仅仅是"教书匠"，更应成为教书育人的专家，成为教育教学研究的复合型人才，教研能力也是教师应具备的基本素质之一。

学术研究能力是最重要的教学研究能力。当前，大多数教师的教研都停滞在对教材的分析、教法的探讨、教具的使用、考试的研究,限于一些教学技巧和教学经验的陈述等方面,而对于教学理论的研究相对薄弱,缺乏对教学创造性的思考,也缺乏批判的精神。教师只有由教育型向学者型转变,才能适应知识经济时代的挑战和素质教育的需求。

(6)较强的现代信息技术整合能力

随着知识经济时代的到来,教育信息化进程的深入,这就要求教师在教育教学过程中,掌握和运用计算机、多媒体和网络通讯为基础的现代信息技术,整合其教育资源,进而促进教育教学改革,从而适应信息化社会提出的新要求。现代教师必须具备现代信息技术和资源的整合能力:一方面,要具有高效获取、批判性吸收、存储、创造性地使用现代信息技术资源的能力,更新自己的知识结构,以适应知识成倍增长和当前素质教育的需求;另一方面,要有其整合现代信息技术与课程改革的能力,逐步实现教学内容的呈现方式、学生学习方式,以及教学过程中,师生互动方式、教学信息反馈方式的变革,最大限度地提高课堂教学效率。

诚然,作为一名合格的教师,还要做到很多很多,如:胸襟宽阔、为人真诚、乐于助人、具有合作精神、敢于挑战自我等等。只要我们能坚持不懈认真地完善自我,用一腔爱生、敬业的热血,去做好教育工作,就会成为家长欢迎、学生满意的合格的人民教师。

第四节　中小学教师要规划好自己的专业发展生涯

教师的专业发展指教师的专业素质即专业知识、专业技能和专业态度的发展。教师的专业发展生涯规划可划分为五个阶段:自我评估、环境分析、确定目标、制订计划和措施的实施。教师职业生涯规划是教师专业发展的基础,教师的专业发展要求教师进行职业生涯规划,二者是一种相对同化的过程。

把"我的地盘我做主"改一下,变为"我的未来我做主"。

（一）全面认识自己

认识自己可以说是职业生涯规划的首要步骤,它也是一个人未来事业成功的保证。要通过自我反思,充分认识自己的发展状况。反思自身是为了搞清楚自己的长处和短处,在生涯规划中扬长避短,或扬长补短。反思的具体内容包括:

知识状况:比如,知识面宽不宽？哪些方面的知识多？哪些方面的知识少？教育教学活动中常常因为缺乏哪些知识而感到困难？读过多少书？对最新的知识和动态是否了解？

知识框架:一般教育理论知识,学科知识,学科教育知识,课程知识,有关学生的知识,有关教育背景的知识,有关教育目的、历史、价值观的知识。

能力状况:哪些能力强？哪些能力弱？教育教学活动中常常因为缺乏哪些能力而感到困难？能力一般分为两种:一般职业能力和特殊职业能力。一般职业能力包括注意力、观察力、记忆力、思维力、想象力等,而教师作为一种特殊的职业,还要具备教育能力和扩展能力。其中,教师的教育能力包括:(1)教育预见能力:是指教师对学生的身心状况、课程内容以及其他影响因素和教育效果的估计能力。只有对学生和课程有充分的了解和认识,才能在教学过程中做到有的放矢,心中有数。(2)教育传导能力:是指教师将处理过的信息向学生输出,使其作用于学生身心的能力。教育传导能力的核心是语言能力,包括口头表达能力和肢体语言能力。(3)教学过程控制的能力:包括对学生发展的控制、对自己的控制、对情境的控制。(4)教师的专业扩充能力:包括能把对自己教学的质疑和探讨作为进一步发展的基础;有研究自己教学的信念和技能;有在实践中对理论进行质疑和检验的意向;有准备接受其他教师来观察自己的教学,并能在理论和实践两个层面上对自己的教学情境进行意图与效果的说明。(5)教师的拓展能力是指改变事物的原有状态,扩大或开辟事物的发展途径的能力,它的本质是改革创新。具体包括:①信息处理能力:表现为能广泛接收各种信息,并对接收到的信息进行处理,及时地转化为自己的东西,运用到教学中去。②解决问题的能力:特指解决教育和教学中各种问题的能力。如解决学生的思想问题、解决同学间的矛盾等。③创造能力:包括善于寻找有助于提高创造性的场景,提出探索、分析的问题,激发学生的求知欲等。④决策能力:指教师是否能够做出正确决定的能力。

(二)正确分析成长环境

分析成长的环境,是为了了解环境的特点,对自己成长有哪些有利的方面或者不利的方面,以便确定自己的职业目标和成长的路径。分析环境应该包括:社会环境。你处在一个什么样的时代?当代的政治、经济、社会、科技、文化有什么样的特点?这些特点对你的职业和工作提出哪些要求?提供了什么样的有利条件?提出了哪些挑战?这给目前的工作和发展带来了什么机遇?本地区的社会环境有什么特点?对自己的工作和发展有什么样的影响?一名教师处于不同的社会环境,职业生涯发展的目标、任务、速度、感受也会不同。目前教师所处的社会环境,是建国以来教师职业发展最好的时期,教师的职业价值、地位、前途、方向都非常到位、清晰,为教师的成长与发展提供了广阔的社会背景。当前,新课程的实施,对于广大教师而言,既是机遇,又是挑战。新课程在促进学生全面发展的同时,也为教师自身的发展提供了一个良好的平台。然而,新课程给教师带来的挑战也是前所未有的,在课程功能、课程结构、课程内容、教学方式、评价方式等方面发生了很大变化。面对新课程改革的挑战,作为教师必须转变教育观念、教育方式、教学行为等,以适应改革的大潮。

(三)确定目标:做个好老师

做个好老师的秘诀就是:不断塑造自我,努力提高自身素质。在自我塑造中,最重要的是心灵的塑造,这是对高尚精神境界的追求。

(四)制订计划

作为一名教师,要充分认识自己,开发自己的潜能,发现自身的情商点,并较好地与自己的职业生涯结合,使个人的价值定位与职业生涯方向同步。

(五)实施计划

1. 由"权威"向"非权威"转变。不应该以"知识的权威"自居,而应该与学生建立一种平等的师生关系,让学生感受到学习是一种平等的交流,是一种享受,是一种生命的呼唤。

2. 由"指导者"向"促进者"转变。要成为学生学习的促进者,而不仅仅是指导者,要变"牵着学生走"为"推着学生走",要变"给学生压力"为"给学生动力",用鞭策、激励、赏识等手段促进学生主动发展。

3. 由"导师"向"学友"转变。要有甘当学生的勇气,与学生共建课堂,与学生一起学习,一起快乐,一起分享,一起成长。不仅要是学生的良师,更要是学生的学友。

4. 由"灵魂工程师"向"教练"转变。改变作为学生灵魂的设计者形象,作为学生灵魂的铸造者、净化者。教师要成为学生"心智的激励唤醒者"而不是"灵魂的预设者",要成为学生的"精神教练"。

5. 由"信息源"向"信息平台"转变。在新课程中,教师不仅要输出信息,而且要交换信息,更要接受学生输出的信息。教师要促成课堂中信息的双向或多向交流,因而教师要成为课堂中信息交换的平台。

6. 由"一桶水"向"生生不息的奔河"转变。新课程中,教师原来的一桶水可能已经过时,随着时代的变化,知识经济时代已经到来,这就需要教师的知识必须不断地更新,教师要成为"生生不息的奔河",这样才能引导学生寻到知识的甘泉。

7. 由"挑战者"向"应战者"转变。新的课堂不仅仅是教师向学生提出一系列问题,让学生解决问题。它要求教师引导学生自己去提出问题,因而常常会有学生向教师提出问题,这便是对教师的挑战,这就要求教师成为能随时接受学生挑战的"应战者"。

8. 由"蜡烛"向"果树"转变。中国的传统文化把教师比作"春蚕""蜡烛",不管是春蚕还是蜡烛,总是在奉献给客体的同时而毁灭掉主体。新时代的教师不能再做"春蚕"或"蜡烛",而应该在向社会奉献的同时不断地补充营养,成为长青的"果树"。

9. 由"统治者"向"平等中的首席"转变。新课程中教师不能再把课堂视为自己的课堂,而应该把课堂还给学生。教师不能再做课堂的统治者,因为统治者总免不了令人"惧怕"。教师应该从统治的"神坛"上走下来,与学生融为一体,与学生站在同一个平台上互动探究,在平等的交流中做"裁判",在激烈的争论中做"首席"。

10. 由"园丁"向"人生的引路人"转变。"园丁"是令人尊敬的,但"园丁"又是令人遗憾的。因为园丁把花木视作"另类生命",园丁在给花木"浇水""施肥"的同时,还要给它们"修枝""造型"。他们是按照自己的审美标准把花木塑造出来供人们欣赏,在园丁看来不合自己情趣的"歪枝""残枝"是可以"判死刑"的,他们可以随意"修剪",培育出以曲为美的"病梅"来。然而教师与学生的生命同源,因此教师不能随意"炒作"学生,应该允许学生的缺点存在,允许奇才、偏才、怪才、狂才的发展,这就要求教师应该是学生成长的引路人,给学生以人生导向。

第五讲　心理素质

第一节　教师心理素质综述

心理素质是人的整体素质的组成部分。是以自然素质为基础,在后天环境、教育、实践活动等因素的影响下逐步发生、发展起来的。心理素质是先天和后天的"合金"。

一个人的心理素质是在先天素质的基础上,经过后天的环境与教育的影响而逐步形成的。心理素质包括人的认识能力、情绪和情感品质、意志品质、气质和性格等个性品质诸多方面。心理是人的生理结构特别是大脑结构的特殊机能,是对客观现实的反映。心理素质具有人类素质的一般特点,但也有自己的特殊性。在走向 21 世纪的今天,人的心理素质显得越来越重要。在学校和家庭教育中重视对少年儿童的心理素质教育,也成为社会和时代的要求。

社会急剧变化,教师职业的特殊性使之感到前所未有的压力。教师难做、学生难教、心态难好已成为如今教师普遍存在的问题之一。因此,具备良好的心理素质成为一名优秀教师所要具备的特征之一。也有研究表明,教师是否具备良好的心理素质,在很大程度上影响其教学效果的好坏。

那么教师如何拥有良好的心理素质呢?教师心理问题是在外界压力和自身心理素质的互动下形成的。外界原因是客观性的、普遍性的、或不可控的;自身原因是主观性的,是可控的。因此,良好的心理状态主要是在自我调节中形成的。

首先,教师要建立自我心理保健的主体意识,积极调节职业态度。教师要建立和增强自我心理保健意识,提高对心理健康的重要性的认识;要善待自己,关心和帮助自己,主动维护和增进心理健康,积极地进行自我调节,培养工作兴趣,改善工作态度。照本宣科,必然枯燥乏味,我们只有为了改进教学方法、提高教学质量而努力钻研教育教学工作,才会提高工作效益,而且也会充分体验到事业的成功和乐趣。

其次,建立情绪预报系统。情绪预报系统可帮助我们随时了解自我情绪状态,避免破坏性心理和行为产生。

再次,准确认识自我。认识自我,包括自己的个性、兴趣、优缺点、工作能力及所扮演的角色,从而为自己准备定位。不少教师在工作中感受到巨大压力的主要原因就是对自己缺乏了解,教学工作不能从实际需要出发,目标定得太高或者过于理想化。此外,教师要充分发挥自己的个性优势,在工作中扬长避短。

最后,建立良好的人际关系。和谐、良好的人际关系常常使人感到快乐与幸福,产生鼓舞人的斗志、振奋人的精神,使之奋发向上、开拓进取的积极作用,这正是工作顺利的重要保证之一。相反,如果人与人之间没有了友情,没有了团结,没有了合作,没有了相互帮助,只能使人的思想颓废、意志消沉、精神麻木,甚至行为反动。

第二节　中小学教师应具有
哪些良好的心理素质

教师肩负着培养下一代的重任,必须具备良好的心理素质。尤其是中小学教师和学生朝夕相处,一举一动都影响和感染着学生。一个心理不健康的教师,哪怕知识再渊博,也绝不是称职的教师。目前,教师心理不健康的现象还在许多学校不同程度地存在着。有的教师情绪波动很大,工作热情和对学生的态度随自己的情绪变化而变化,遇到不顺心的事情,往往拿学生作出气筒;有的教师心胸狭窄,处理不好与同事、学生的关系;……凡此种种,不一而足。特别是青年教师中有许多人是独生子女,他们在长辈的百般呵护下长大,缺乏必要的磨练,容易产生心理偏差。只有心理健康的教师才能教出心理健康的学生。教师的心理素质不但是他们个人的事，而且是一种教育要素，它属于祖国的教育事业，也属于千百万成长中的青少年学生。教师要站在这样的高度来审视和提高自身的心理素质。

(一)教师应具有以下几方面良好的心理素质

1.认知素质。认知素质包括感觉、知觉、记忆、思维、想象等认识结构、智力水平和认知方法。在现代科技迅速发展，社会进入信息化、智能化、国际化的今天，教育工作者对教师提出了新的要求。教师的职责，从只是向学生传授知识变为要教会学生自己学习知识，并加以创新，激励学生真正成长为一个"社会人"。因此，认知素质是新世纪教师必须具备的心理素质之一。

2.情感素质。热爱学生是教师的天职，爱即师魂。鲁迅先生说："教师是植根于爱的。学生只有'亲其师'才能'信其道'。""动之以情深于父母，晓之以理细于雨丝"，这一情感原则要求教师以母亲般的情怀，全身心地投入到教书育人的工作中去。正缘于此，诸如体罚、变相体罚、辱骂学生等违反师德的言行，决不会在具有健康情感素质的教师身上发生。

热爱生活、热爱事业、热爱学生的教师，自身才可能充实，情感才可能丰富，心理才可能健康。在工作中，教师除了具有忘我的态度外，更应充满理智，会全面妥善地处理各种关系，面对现实，脚踏实地，努力去营建一种良好的环境和气氛，充分发挥自己的潜力，尽心尽力地促进学生的健康成长，同时也注意自身的提高和完善。

3.意志素质。意志素质，是人们自我监督、自我命令、自我激励、自我调节、自我控制的能力。它反映在有意识的调节行动、克服困难、实现预定目标的整个过程中。教师的意志素质，指教师为达到一定的教育目标或目的而迸发出的心理动力和耐力。教育教学工作的复杂性、反复性和长周期性，要求为人之师具有耐心、沉着和坚韧的品质，既有面对难题加以解决的勇气和能力，又有在新形势下"忠诚党的教育事业"——无怨无悔的毅力和自我控制力。

4.个性素质。性格是个性素质的核心部分。教师应该保持积极乐观的人生态度、开朗豁达的良好性格、对己对人的宽容精神。教育过程自始至终就是一个人与人之间相互作用、相互影响的过程。教师要求学生遵守纪律,不迟到不早退,那么教师也要做到,站在讲台上,其身教的作用不言而喻;教师要求学生诚实守信,勇于自我批评,那么自己做事情哪怕只是稍有不妥,也敢于面对学生坦然检讨,其威信只增无减。正如孔子所说:"其身正,不令而行;其身不正,虽令不从。"教师以自己的行为对学生施加影响,在示范中将对学生的心灵产生强烈的震撼,从而形成鲜明感情色彩的意识导向,可见,其性格魅力的影响何等深远。在强调素质教育的今天,良好的性格特征,完善的个性品质,就不仅仅是教师个人的"洁身自好",还是教师使命的内涵,更是时代的呼唤。

(二)能力也是个性素质的组成部分

21世纪的中小学教师应具备哪些能力?

美国的教育家认为,应着重培养未来教师探讨知识的能力、态度、风格和方法,而不是一味地传播知识。未来教师必须具备下列基本能力:具体感受的能力、思维观察的能力、抽象概括的能力、积极实践的能力。学者彼得罗夫曾提出教师必须具备六种能力:教学能力、创造能力、知学能力、表达能力、交际能力、组织能力。日本人认为教师应具备五种能力:富有成效的教学和学习指导能力、对学生强有力的生活指导能力、理解和把握学生心理的能力、教育管理的能力、独立的自修能力。英国对教师能力的要求是比较注重教师的应用技术能力和学习能力。许多国家提出,21世纪的教师必须具有较强的掌握信息的能力和知识更新的能力,也就是说要具有"扩展能力"。所谓"扩展能力"是指非常灵活地适应科学技术和时代迅速变化的综合性能力,主要指信息处理能力(吸取、更新知识的能力)和创新能力(获得新知识、扩充新知识的能力)。随着我国社会主义建设的快速发展,相信这些能力要求同样适用于我们的中小学教师。

第六讲　审美素质

　　形象,通常指一个人的神情面貌和性格特征。它最大的特点是能引起或激发人们的思想或感情活动。各行各业、各种各样的形象都能影响周围的人和事。在生活中对他人的影响最大、受到最严格的监督的形象,莫过于教师的形象。

　　教师仪态是教师与学生交流中最直接的表现。美国心理学家艾伯尔·梅柏拉曾对语言行为传递信息的效果进行过因素分析,最后得出一个十分有趣的结论:课堂信息传递的总效果等于 7％的文字加上 38％的有声语言再加 55％的态势语言。由此可见,态势语言在课堂讲授中发挥着重要作用。因此,教师在教学中,要正确运用态势语言,以增强教学效果。在教学活动中,教师的举手投足、面部表情等都反映着教师的修养水平及教学技能。教师仪态的一般要求是:站态要有安定感和力度,这样有利于学生提高情绪,振作精神;随着教学内容的变化,要求教师适当变化站姿;要用优美的手势正确地表达感情,不能指手画脚,盛气凌人;面部表情要丰富但不做作,要善于运用喜、怒、哀、乐、爱、恨、怨、叹等表情;在与学生交谈时,神态要热情、亲切,即使批评学生时,也不能用轻视、蔑视的眼光,因为学生往往从教师的神情中看到自己在教师心目中的地位和价值。事实证明,教师优雅大方、蓬勃洋溢的仪态,会带给学生有益的影响、会创造出充满生命活力的课堂。

第一节 中小学教师公众形象及交际沟通能力的基本要求

公众形象是指一定的组织或个人在社会公众心目中相对稳定的地位和整体印像,具体表现为社会公众对组织机构或个人的全部看法、评价和整套要求及标准。"教师是人类灵魂的工程师",教师所从事的职业特点决定了教师形象属于公众形象。作为教师,良好的公众形象不仅表明对自己工作的执著热爱,而且也表明了对学生的尊重和爱护,对学生的健康成长起着潜移默化的积极影响,反之,不良的教师形象也会对学生的思想起着消极的影响作用。

教师的公众形象是由教师在教学过程和日常生活中表现出来的气质、性格、能力、爱好、品德和品行等方面构成的。教师的公众形象要符合学生、家长和公众心目中所形成的完整印象,教师是"人类灵魂的工程师",这是社会对教师工作这一特殊职业的角色形象的生动描述。作为一名教师,必须强化人格意识,增强人格精神,优化自身的公众形象要素。

(一)教师公众形象建设应遵守以下基本原则

1.真诚尊重的原则。真诚是对人对事的一种实事求是的态度,是待人真心实意的友善表现,真诚和尊重首先表现为对人不说谎、不虚伪、不骗人、不侮辱人,尊重他人。

2.平等适度的原则。平等是人与人交往时建立情感的基础,是保持良好的人际关系的诀窍。平等在交往中,表现为不要骄狂,不要我行我素,不要自以为是,不要厚此薄彼,更不要傲视一切。目中无人,更不能以貌取人,或以职业、地位、权势压人,而是应该时时处处平等谦虚待人。要自尊却不能自负;要坦诚但不能粗鲁;要信人但不能轻信;要活泼但不能轻浮;要谦虚但不能拘谨。

3. 自信自律的原则。教师应该是一个有充分自信心的人,只有自信自律才能在与学生、家长等人际交往中不卑不亢、落落大方,遇到强者不自惭,遇到艰难不气馁,遇到侮辱敢于挺身反击,遇到弱者会伸出援助之手。

(二)教师公众形象具体要求

1. 仪表

仪表主要指姿态与服饰。教师仪表要求庄重、朴实、整洁、自然、大方,教师姿态要给人以精力旺盛、稳健、敏捷、轻松的感觉。教师服饰在款式上要适合教师个性、年龄、体态,着装要得体,注意教师职业特点,不要追新猎奇;色彩搭配要协调、和谐,装饰要大方、典雅,不宜浓艳、华丽,以免分散学生注意力或误导学生。教师服饰也不能太随意,衣冠不整、不修边幅、不讲卫生,也会引起学生的厌恶。不拘小节的教师,不但有损教师的形象,而且影响教育效果。一般说来,男教师不留长发,不佩戴项链、手链;女教师发型典雅不夸张,可化淡妆,不可浓妆艳抹,尽可能不佩戴首饰,特别是粗项链、手镯,上班时间不穿吊带裙、超短裙及露背装,不穿过透的服装,不穿过高的细跟鞋,不涂色彩鲜艳的指甲油。体育教师上班时间穿运动裤,不能穿皮鞋。教师的仪表要适合自己的体型、年龄、性格、场合等;要保持"三无":无异物、无异味、无异服。

2. 仪态

微笑:是女性最重要、最美丽的妆容;是男士良好修养的最佳体现,是缩短师生之间的心理距离的润滑剂。

目光:在讲台上讲课时,教师的目光要柔和、亲切、有神,给人以平和、易接近、有主见之感。

手势:教师讲课时,一般都需要配以适当的手势来强化讲课效果。手势要得体、自然、恰如其分,要随着相关内容进行。讲课时忌讳敲击讲台或做其他过分的动作。会见家长、客人或出席仪式等站立场合,或在长辈、上级面前,不得把手交叉抱在胸前。

站姿:两脚脚跟着地,脚尖离开约45度,腰背挺直,颈脖伸直,头微向下,使人能看清面孔;两臂自然,不耸肩,身体重心在两脚中间。

坐姿:坐下后,应尽量坐端正,把双腿平行放好,不得傲慢地把腿向前伸或向后伸,或俯视前方;女士双腿要并拢,向一边倾斜。

行走:步态自然,身体端正,昂首挺胸;同事相遇应点头行礼表示致意。

人际的距离:是人体的空间定位,显示人际关系的亲疏,也是人际关系密切程度的尺码:亲密区:0—60厘米;熟人区:60—90厘米;社交区:90厘米—2米;讲演区:2—8米。

语言:"师者,传道授业解惑也。"课堂教学中我们离不开语言的表达。因此,作为一名教师,在进行语言表达时应遵循以下礼仪礼节。

(1)激情:教师的语言魅力主要在于要有"激情"。"言为心声",教师在课堂上将自己对教育事业的投入,对学生的热爱,对所教专业的精通融入了语言,教师的声音必然充满热情,必然富有感染力,必然具有吸引力,必然产生号召力。

(2)风趣:说话清楚有力,生动风趣,思路清晰,应当是每个教师的基本功。语言的丰富多彩、风趣幽默、言之有物、言之有度、言而有信,实际上体现了教师的才华,体现了教师的学识,体现了教师的智商,更体现了教师的人品。

（3）规范："非礼勿言"是《论语》中的一句话,意思是不合乎礼仪的话不要说,使用规范、正式和文明的语言,应当是每个教师必须具备的师德。教师应讲究语言艺术,用美的语言去感染学生,要求准确、形象、生动、清新、文雅、文明、纯洁,避免语言不当,切忌粗鲁、尖酸、刻薄。

第二节 教师的形象美

美的仪表是美的形象的前提,它对塑造人的形象有重要作用,要提高教师审美素质需要从两个层面进行:一是提高教师的公关意识,公关意识的核心是形象意识,要树立教师的良好形象,必须强化形象意识。二是提高教师的礼仪意识,用良好的道德行为规范来要求自己,有理念、有行为、有视觉,才能真正提高教师的审美素质,进而打造学校的品牌与形象。

形象是可以设计的,"形象"一词的本意是指人和物的外观和形体。这里这所讲的形象是指职业形象、社交形象,即公众对某某人的整体印象的评价。对这个概念的内涵,应从三个方面去把握:第一,整体性,即社交形象不是指一个人的面部特点,甚至也不是各个部分的简单相加,而是对一个人的综合的系统化的印象;第二,客观性,形象的确定者是公众,因此形象的评价是客观的,而不是本人的自我感觉;第三,内在性,形象虽然要通过外在的因素来表现,但这种表现的基础是个人的内在素质,个人的形象对社会活动的效果有重要影响。

形象是可以设计的。是指无论一个人的自身条件如何,都应当正确地去审视自己,你总会发现一些自己所独有的优点、特色,那么你就要设法表现它。人可以通过主动的个人形象设计扬长避短,塑造出一个无与伦比的个人形象。一个良好的个人形象,本身就是一首诗、一幅画,是对生命的赞美,是对自我价值的肯定。良好的形象是一种无形资产,一笔巨大的财富。

(一)公关意识——塑造教师形象美的灵魂

公共关系简称公关,它是一门塑造形象的科学与艺术。社会组织为了塑造组织形象,通过传播、沟通的手段来影响公众的科学与艺术,它的本质属性是传播管理。公共关系意识包括形象意识、服务公众意识、真诚互惠意识、沟通交流意识、立足长远意识、创新审美意识等诸多意识,其核心意识是形象意识。

形象是一种服务。个人形象、教师形象、学校形象被塑造好了,不仅会得到学生、家长、社会公众的尊重,而且还会使之在享受服务时感到赏心悦目,轻松舒畅。

形象是一种宣传。学校形象被塑造好了,社会公众有口皆碑,广为宣传,提高学校的声誉。

形象是一种品牌。在任何一所学校,教师形象、学校形象真正为社会所认同,久而久之,社会形成一种"形象品牌"。所谓名校、名师就是这么产生的。

形象还是一种效益。形象塑造好了,自然它的经济效益、社会效益就会凸显出来,投入与产出是成正比的。

所以说,要想塑造良好形象就必须学公关、用公关。在教育教学中体现公关真谛。

公共关系的构成要素有:社会组织、公众、传播三大要素。作为师生关系来说,教师是公关主体,学生是公关客体。教师是为学生服务的,他的工作对象是学生,如何把学生教会教好是教师的职责。教师每天所做的工作就是传播,传播所学知识,传播做人的道理,所以教师的一举一动、一言一行,他的形象、他的状态,无时无刻不在影响着学生,教师必须通过言传身教，为人师表，潜移默化地影响学生，才能取得良好的教育教学效果，进而达到教书育人的目的。所以说，只有教师本身形象塑造好了，才有可能、有条件、有资格去教育学生。教师职业充分论证了公共关系的真谛，公共关系理论及实务在教师职业中得到充分体现。有了形象意识，教师才会规范自己的言行，才能为人师表。总之，教师只有树立公共关系意识，才能做好本职工作，才能塑造教师的良好形象。

（二）礼仪意识——塑造教师形象美的关键

礼仪是现代人处世的根本；礼仪是成功者潜在的资本。

礼仪是一门综合性较强的行为科学，是指在人际交往中，自始至终地以一定的、约定俗成的程序、方式来表现的律己、敬人的完整行为；是一种为时代所共识的行为准则或规范，即大家认可的，可以用语言、文字和动作进行准确描述和规定的行为准则，并成为人们自觉学习和遵守的行为规范。

在人际交往中，礼仪不仅可以有效地展现一个人的教养、风度和魅力，还体现出一个人对社会的认知水准、个人学识、修养和价值。礼仪是一种潜在资本，如果能够恰当地运用，人们就能取得丰硕的成就。

古人云："不学礼，无以立。"随着中国入世、社会的快速进步和文明程度的不断提高，人们越发认识到礼仪在生活、工作上的重要作用；意识到不注意礼仪的危机性；意识到礼仪就是人立身处世的根本。于是，学礼、懂礼、守礼和用礼的呼声日渐高涨，社会上各行各业的从业人员，都迫切需要掌握规范的礼仪，来充实自己，完善形象，以改进自己的人际关系，实现自身在社会中的存在价值。作为为人师表的教育工作者，更应成为社会各阶层中的佼佼者。

学校是育人机构，师者，传道、授业、解惑，在育人过程中，教师要与社会多方面组织与个人进行接触，要扮演多种角色，要用多种方法与技巧与他人沟通,这就要求教师要用良好的礼仪规范来展示教师的良好形象,最终达到教书育人的目的。

为什么要学礼仪呢？礼仪决不只是一种形式,它在人际交往活动中具有独特的功能,发挥着举足轻重的作用,甚至关系着交际的成功与失败,所以要重视学习礼仪的知识与技巧。

礼仪的功能主要有四个方面:

(1)礼仪具有塑造形象的功能

在交际活动中,人们的言谈举止、举手投足都作为一种潜在的信息传递给对方,良好的礼仪表现可以树立良好的形象。在人际交往中,一定要塑造成功的、高雅的交际形象。

美国前总统尼克松称赞周恩来的礼仪风度。尼克松说:"周恩来的敏捷机智大大超过了我能知道的其他任何一位世界领袖。这是中国独有的、特殊的品德,是多少世纪以来的历史发展和中国文明的精华结晶。他待人很谦虚,但沉着坚定。他优雅的举止,直率而从容的姿态,都显示出巨大的魅力和泰然自若的风度。他从来不提高讲话的调门,不敲桌子,也不以中止谈判相威胁来迫使对方让步。在他手里有'牌'时,说话的声音反而更加柔和了……在谈话中,他有四个特点给我留下了不可磨灭的印象:精力充沛,准备充分,谈判中显示出高超的技巧,在压力下表现得泰然自若。"

周总理的礼仪修养不但是我国人民学习的榜样与楷模,同时也令外国人所倾倒,他的气质、风度、仪表和举止是那样的优雅,感染着亿万人,使大家赞叹不已。实际上这是他长年累月在各方面修炼自己、充实自己的结果,正是由于他有崇高的理想、远大的目标、丰厚的民族文化的底蕴,才能表现出那种神韵般的礼仪风采。

(2)礼仪具有促进人际之间沟通的功能

沟通是当代人类生活中的一大主题,礼仪是人际交往的桥梁,它是社会中人与人之间、群体与群体之间密切联系的纽带。讲文明、懂礼貌是一个人文明素养的外在表现,它表达了人们良好的愿望和感情。每个人以优雅的举止、温柔的言语进行心理与情感的交流,增添融洽的气氛,这有利于人际关系的和谐发展,有利于人际的沟通。

(3)礼仪具有协调人际关系的功能

人与人在进行接触时,需要处理方方面面的关系,讲究礼仪可以缩短人们之间的情感距离,缓解或避免不必要的人际冲突,有利于建立友好与合作的关系。孟子说:"礼之实,节文斯二者是也。"意思是说,礼仪的实质内容,就是调节、修饰的作用。调节,主要是调节人际关系与人际交往;修饰,主要是修饰语言、修饰服装。礼仪对交际活动中的人际矛盾起到了润滑剂的作用,对人际关系发挥良好的协调功能,使人们友好相处,社会井然有序。

(4)礼仪具有制约人们非礼行为的功能

礼仪规范成为了社会文明的重要标志,成为了社会约定俗成的行为模式。合乎礼仪规范的行为对人们在交际活动中的言谈举止起到约束的作用,使人们将自己的言行纳入礼仪规范的轨迹,按照礼仪规范的要求调整自己。像我国古人说的那样:"非礼勿视,非礼勿听,非礼勿言,非礼勿动。"不管在什么时间、什么地点都应自觉地执行礼仪规范。

如果说公关是塑造组织形象,那么礼仪就是展示个人良好形象,这两个形象紧密结合,互为因果,只有真正提高了公关意识、礼仪意识,教师的形象才能塑造好。公关是真、善、美,礼仪也是真、善、美,教师要做真、善、美的传播使者,必须牢记和加强对这两种意识的重要性和必要性的认识。

第七讲　人格修养

第一节　教师的人格素质

教师,是人类文化科学知识和社会思想、道德风尚的传递者,是继承和发扬人类文明的桥梁,是后一代的培养者。从某种意义上而言,教师人格力量对学生的影响程度已经远远超过他们的专业知识对学生的影响程度。一个拥有高尚人格的教师,往往是学生们最喜欢的教师;而这样的教师在教学过程中也常常感受到职业带给自己的快乐和崇高感。教师的人格渗透于教师劳动的全过程,作用于学生的心灵,直接或间接影响着教育效果。一个拥有高尚人格的教师,往往能在学生的心灵深处留下难以磨灭的印记,并让学生终身受益。

高尚的人格具体表现在以下三个方面:

1. 崇高的思想品德。崇高的思想品德对学生思想品德的形成起着奠基作用。中小学生世界观尚未定型,可塑性强,教师在此扮演着偶像和效法的榜样的角色,其思想素质在无形中会给学生以影响。因此,教师崇高的思想品德对学生优秀思想品德的形成起着重要的作用。

2. 良好的职业道德。教师良好的职业道德对学生优秀思想品德的形成起着催化作用。一个优秀的教师不仅品德高尚,而且要有良好的职业道德。首先,教师应充满爱,关心爱护学生,不歧视、辱骂、体罚学生,"亲其师而信其道",这样的教师可敬可亲,学生才会愿意跟着他学,也才会学得好。其次,教师应该有强烈的事业心和责任感,对工作总是一丝不苟,精益求精,爱岗敬业,乐于奉献,这同样会给学生以影响和感染,对本来一心向善的学生更增添了动力。

3. 文明的言谈举止。教师文明的言谈举止对学生思想品质的形成起着修正作用。教师的一言一行都是教师内在素养的外在体现，给学生以潜移默化的影响，而学生也正是通过这一点来了解教师的思想，"桃李不言，下自成蹊"，教师注重修养，注意言行，处处给学生做出表率，言教辅以身教，学生受到影响，其不良行为和习惯将受到约束并得到修正。

第二节　人格素养是教师素质的灵魂

每个人都希望自己的人生风和日丽，莺歌燕舞，但月有阴晴圆缺，人有旦夕祸福，挫折和失败总是不断地踩痛我们的心。当学生遇到失败、挫折和困难时，我们教师作为领航人，应不断地鼓励他们"天将降大任于是人也，必先苦其心志，劳其筋骨……"一个人的人格就是在风霜雪雨中成长的，没有挫折与失败，就不会懂得成功的艰难、奋斗的可贵，不会明白有价值的人生是什么。让学生把人生的风雨化作进取的动力，努力塑造学生完善的人格。

新世纪，我们的教师应该具备哪些素质？敬业、爱生、创新，这些自然都应是必备的素质，然而在众多必备的素质中，人格素养是教师素质的灵魂。经常听到学生议论，说他们喜欢某位老师，听课兴致高；不喜欢某位教师，听课时老是昏昏欲睡。事实上，能否赢得学生尊重和爱戴，不是单方面因素决定的，老师的学识、能力、性情、品德修养等综合素质融铸成其人格，这是一名教师吸引学生力量的主要源泉。

教师的人格魅力来源于渊博的学识和教书育人的能力，具备这样条件的教师不但在教育教学上游刃有余，而且善于处理、协调跟学生以及同事之间的关系，创造融洽和谐的工作氛围，以利于获得事业的成功。

教师的人格魅力来源于善良和慈爱，他们会善待每一个学生，不会因为学习成绩的好坏与家庭背景的不同高看或歧视某些学生。在他们心里，教好每一个学生是教师的天职。

教师的人格魅力来源于对学生的信任和宽容，在课堂上他们不是一味灌输，包办代替，而是把学习的主动权交给学生，让学生在探索之中享受成功。他们是指导者和引路人,不把学生看做知识的容器和考试的机器,相信学生的能力并想方设法锻炼提高学生的能力。

教师的人格魅力来源于对事业的忠诚,他们不是仅仅把教书看成谋生的手段,而是毫无私心杂念地投身其中,以教书育人为崇高的职责,并能从中享受到人生的乐趣。他们以自己的真诚去换取学生的真诚,以自己的正直去构筑学生的正直,以自己的纯洁去塑造学生的纯洁,以自己人性的美好去描绘学生人性的美好,以自己高尚的品德去培养学生高尚的品德。他们是最能以身作则的人。

教师的人格魅力来源于从不满足的执着精神,他们始终用胜不骄败不馁的形象去感召学生追求卓越。在挫折和困难面前,他们是当之无愧的强者。他们不会陶醉于成功之中而不思进取,更不会沉溺于暂时失败的痛苦中不能自拔。他们会反思,并从反思中获得宝贵的经验教训,确立新的奋斗方向和目标,用勤奋和智慧浇灌出更丰硕的成果。

那么,究竟什么是人格呢?

人格即个性,是指一个人的各项比较重要和相当持久的心理特征的总和,是个人在生理基础上,受到家庭、学校教育和社会环境等影响而逐步形成的气质、能力、兴趣和性格等心理特征的总和。

教师良好的人格素养必然促进学生主动发展。那么,作为教师该如何塑造自身的健全人格、提升人格素养呢?

1.正确认知自我

自我认知的一个很重要的内容就是了解自己的性格和气质。因为不同的性格和气质对学生的影响是有差异的。

教师的良好性格表现为热情开朗、精神饱满、耐心细致、沉着冷静、温和宽厚、心地善良等。具有这些特征的教师不管学生出现什么情况,教师都能镇定自若、从容不迫,以极大的耐心做好工作。教师的不良性格则表现为抑郁、孤僻、冷漠粗暴、喜怒无常、交往性差等。性格暴躁的教师易发脾气,为了一点小事就会大动肝火,使学生高度紧张,产生极大焦虑感,这不仅是对学生心灵的伤害,严重的会引起神经系统的疾病。

2. 对学生通情、理解、尊重

有人这样透视教师的宽容,很值得思考:教师对学生的内心深入的宽容,为学生提供充分表达自己的机会和空间,才能有针对性地开启顿悟,进行有效的教育,并培养学生判断是非的能力;教师对学生思维方式的宽容,可以激发学生的思想火花,培养创造精神;教师对学生特殊行为方式的宽容,是尊重个性发展特点,使学生在宽松自由的环境中展示自我、发展自我;教师对学生情感的宽容,是对学生人格的尊重。

尊重学生还要学会欣赏学生,特别是对那些学习基础差、纪律松散的学生更要努力发现他们身上的闪光点,并把闪光点放大,让每个学生都有展示自己才华的机会,让每个学生都在成就感中获得自信。

3. 恰当管理和调适自己的情绪

每一个人都希望得到掌声,得到表扬。如果人的情绪浮动时,总是要发泄的,有的会发展为破坏性行为。

师生间发生矛盾的主要原因,大多是教师不善于管理和调适自己的情绪,处理失当,学生不服。因此,我们要善于把握自己的情绪,不让情绪左右我们的教育教学工作,同时,要善于调适我们的教育对象,不让他们的情绪左右我们的实践。

每个人都希望自己的人生风和日丽、莺歌燕舞,但月有阴晴圆缺,人有旦夕祸福,挫折和失败总是不断地踩痛我们的心。当学生遇到失败、挫折和困难时,我们教师作为领航人,应不断地鼓励他们。一个人的人格就是在风霜雪雨中成长的,没有挫折与失败,就不会懂得成功的艰难、奋斗的可贵,不会明白有价值的人生是什么。

实践告诉我们:要想做一个成功的教师,首先要做一个有高尚人格的人。每一个教师都要努力地培养自身的素质,用自己健全、独特的人格魅力来影响和教育我们的学生。

下篇　实践研究

第八讲　师生关系的建立

1999 年 6 月 13 日，中共中央国务院颁布了《关于深化教育改革全面推进素质教育的决定》，《决定》明确地要求教师"要与学生平等相处，尊重学生人格，因材施教，有较好的教师职业道德与教学道德，从事教育教学工作"，以此建立一种新型的师生关系。

良好的师生关系是现代课堂教学的重要组成部分，它能化为强大的力量，激励学生的自我完善，为教师运用各种教育教学的手段提供条件。建立新型的师生关系是实施素质教育的需要，是现代课堂教学的必然要求。

第一节　教师要学会建立良好人际关系

每一个人都喜欢有一个良好的人际关系，有更多的好朋友，但是人与人之间的关系也是纷繁复杂的，不同的人对人的要求期望各不相同，每一个人的交往动机也不相同。因此，要想建立良好的人际关系，与人保持真挚的友情，就需要掌握人际关系基本的准则与技巧。

（一）基本准则

平等原则：平等交往是建立和谐、融洽的人际关系的基础和前提条件。如果交往双方不能平等相待，而是居高临下，动辄训人，不尊重他人人格，有谁愿意与你来往？交往必须平等，平等才能深交。这里说的平等，是政治上的平等，人格上的平等。在一个学校里，校长与教师、教师与学生、教职工之间，在政治上、在人格上是平等的。但平等又是相对的,是现实的。人总是有差别的,不论从身体素质还是知识结构、工作能力来说都是这样。例如,你不能要求语文教师与英语教师同样为你讲解英语,你不能强求一个体弱多病的老教师同身强力壮的青年教师在课堂上同样神采飞扬等,平等是当时当地的平等。如果一个人不尊重别人而希望别人尊重自己,不好好学习而希望得到高分,见到别人评三好、评上奖学金就眼红,就闹情绪,那是不可以的。

相容原则:相容就是说在人际交往中要大度,有气量,能克己容人。常言道:对人要宽容,"宰相肚里能撑船",如果交往双方能做到相互忍让,人际关系就能得到巩固与发展。讲宽容,要善于异中求同,异外求同。俗话说:"人以和为贵。"水和火是最不能相容的,但是,汉代的刘向有个重要见解:"君子欲和人,譬如水火不相能然,而鼎在其间,水火不乱,乃和百味。"有些分歧是不能消除的,它们尖锐对立如同水火。但是,如果能找到一只鼎隔在其间,让他们发挥各自的作用,指向一个共同的目标,那么,势如水火的分歧也能调和。讲相容,必须谦让、忍耐,哪怕自己有理,必要时也要让人,给人以机会。讲相容,要严于律己,宽以待人,设身处地,将心比心。讲相容,不是不讲原则,相容是建立在民主、平等的基础上的,不讲民主,只讲服从,不算相容。相容既尊重自我,也不轻视他人。相容讲宽宏大量、克制忍让,也要讲原则,一味迁就,软弱可欺,同样不能算相容。相容显示了一个人的自信,胆小怕事、息事宁人、盲目从众、随波逐流,都是不讲原则的相容。

尊重原则:一个人得到社会或他人的尊重,他才会感受到自我存在的价值,因此能不能尊重他人和受人尊重,是建立良好人际关系的重要条件之一。所谓的尊重,就是尊重他人的人格与自尊心,人人都有自尊心,都有一种被他人肯定的需要,所以要给别人面子。如果不尊重别人的自尊心,那么就必然会造成人际间的矛盾与冲突。

真诚原则:真诚是友谊的基础,在人际关系中,只有彼此都抱有一种心诚意善的态度,才能引起感情上的共鸣。人人都希望同诚实正派的人建立友谊,找这样的朋友,都不愿意与口是心非、狡猾的人打交道。

理解原则:角色心理互换,在交往中正是希望得到对方的理解与同情,如果这些需要得到满足,就会增加安全感,相互之间就会有吸引力。如果相反,就会增加排斥力,相互就不安全。因此要将心比心,角色置换,站在对方的立场上理解对方的思想情感、行为等等。变以自我为中心为以他人为中心,为对方多着想。

信任原则:人与人之间要相互信任、相互依赖,这样才能心心相印,处好关系。

(二)良好的人际关系有什么好处

1.能提高工作、学习效率

人际关系的好坏,对工作和学习都有较大的影响。人际关系好,就会使人在工作、学习上认识一致、感情融洽、行动协调,能促进工作的顺利开展,有助于提高学习兴趣。否则,就会降低工作、学习的效率。

2.能增进学校文明建设

平等、互助、友好的人际关系,是学校文明建设的先决条件。学生与学生、学生与教师,彼此相互尊重,相互支持,相互谅解,团结一致,有利于消除歪风邪气。

3.能增进师生的心理健康

学生或老师,如果在学习、工作中,人际关系紧张,长期持续,在一定的条件下,就能导致身心疾病;相反,与人关系融洽,心情舒畅,有安全感,就能促进心理健康。

4.能促进不良行为的改变

交往中,一方的行为会对另一方的行为起着榜样或暗示作用。人际关系良好的班级里,学生有了不良行为,也能够得到相应的及时的反馈,从而约束自己的行为。众多的调查表明,中学生犯罪在很大程度上与交往不良有关系。

(三)如何建立良好的人际关系

1. 提高学生的人际交往语言修养。列宁说:语言是人类最重要的交际工具,准确地运用语言可以全面地传达信息,提高人际沟通的效果,增强人际关系的协调,而语言使用不当,不仅造成沟通障碍,降低沟通的效果,而且还会引起人与人之间的误会、矛盾。学生中的人际关系,思想生活、情感的交流,都是借助语言手段完成的,因此提高学生的语言修养,对发挥语言沟通的作用是至关重要的。

2. 学会使用体态语言。主要是两个,一是善于用自己的眼神与他人交流。因为眼睛是心灵的窗户,人的一切情绪思想、态度变化都可以从眼睛中显示出来,人际交往如果缺乏目光的接触,往往会变成令人不快的,难以与对方保持沟通的情况。在交往中,眼睛要自然地望着对方,要柔和亲切,千万不能瞟来瞟去,东张西望,这样往往会中断交往。二是要学会微笑。要真诚地微笑,发自内心地笑,自然地笑,而不是掺假的、不自然地笑,这样才能协调气氛,增进感情。

3. 学会幽默。因为在人际交往中往往会遇到意想不到的尴尬局面,在这种情况下,幽默是最好的选择,它往往能帮助自己走出为难境地,但幽默要恰当,要得体,切不可过分。

4. 学会赞美。在生活中、在交往中要学会赞美,学会赞美别人,人际关系就自然容易沟通,所以要多看别人的优点。但赞美别人也要考虑到对方的接受心理,因为有时是好心,但弄巧成拙的事也是有的,要真心,不能虚伪,不能恭维,不能吹捧,要实事求是。

5. 保持恰当的空间位置感。在人际交往中,也会受到空间位置关系的影响。人类学家把人与人之间的空间距离分为四类：一是亲密的距离，二是社交的距离，三是个人的距离，四是公共的距离。亲密的距离是指关系十分密切，能够充分的接触和直接的接触。社交距离是指在社交活动中的距离，没有特殊的关系，距离要稍微远一点，要隔几步，公共距离是指课堂上教师与学生的距离。个人距离是指朋友间的沟通保持适当的距离，比亲密的要适当远一点，如同事之间、同学之间，其距离一般为伸手能摸到对方的手为宜。公共距离是指人们在公共场合的空间需求，除了公共汽车、电梯等特定场合外，一般都在 3 米以外，如公园散步、路上行走、在剧场前厅等候看演出，还有演讲者与听众、教师讲课与学生之间的距离等。

6.学会聆听，不要随意打断对方的谈话。在人际交往中，发出信息的人和接收信息的人是互相牵制的，是互相影响的。当你从对方的表情发现，他非常注意听你的谈话时，你就会觉得精神倍增，谈话也更加生动与精彩，达到最佳的沟通效果。如果有人对对方的谈话毫无反应，显得很冷淡，或者他的眼神游移不定、心不在焉，那么说话的人就会觉得自己受到了侮辱，从而中断沟通，所以在别人讲话时要全神贯注地聆听。

总之，在初中这个阶段，学生已经进入一个稳定的学习环境，如果还会出现人际关系不好的情况，大多是因为学生本身在心理上或者因为环境的影响而造成的人际交往不良。因此，作为家长或者老师要正确地看待孩子的表现情况，针对性地帮助孩子们解决交往问题。在此，也要特别强调一点：有时孩子的人际关系处理和交往问题的出现，往往就是因为老师和家长给予的负面影响。比如有些家长过度地保护孩子，常常把孩子关在家里，不允许孩子与外界接触，孩子一到放假时只能待在家里，现在家里又普遍都是独生子女，孩子渐渐就会感到孤独，时间长了，就不懂得怎样与外界沟通交往，因此，造成了孩子人际交往的障碍。所以，家长和教师要在这个方面多关心孩子,放飞孩子们的心灵,让孩子们快乐地与他人交往。

第二节 新时期下如何构建和谐的师生关系

师生关系是学校教育活动中最基本、最重要、最活跃的人际关系。它是指在教育过程中形成的教师与学生的人际关系,是人与人之间的关系。这个概念有两层含义:一是师生关系是人际关系,是人与人之间的关系;二是师生关系是在教学过程中形成的教师和学生之间的特殊人际关系。

随着社会的发展,随着世界观与人生观的发展与变化,我们的广大中小学教师,面临着更为复杂的教育环境:一方面,社会对教师的素质要求越来越高,家长望子成龙和学校片面追求高升学率的现实一直没有得到改善。生存和生活的巨大压力,导致了许多教师一直处于亚健康状态,有些教师存在一定的心理问题,做出一些不恰当的行为,导致一些学校出现"学生怕老师"的现象;而另一方面,伴随着经济生活的提高,社会风气的恶化,青少年学生的个性意识越来越强,民主思想越来越浓,纪律观念越来越淡漠,心理问题却越来越严重。师生关系恶化的冲突事件时有发生。这边,学生在寒风中受罚;那边,为了小纠纷家长对老师破口大骂。很多中小学教师说,学生就是他们的"上帝",现在都不敢批评学生,更不敢惩罚学生了,只能像伺候老爷一样地讨好带哄骗。如今的中小学教师,一方面要推进素质教育,另一方面要完成升学指标;一方面要把学生教好,保证学生安全,另一方面教师可以管教学生和保护自己的手段越来越少,越来越无力;一方面要让家长满意,另一方面又要让学生满意。家长希望自己的孩子成龙成凤,学生又希望自己不受束缚……诸如此类的多种矛盾,使得教师们左右为难,使得中小学教育陷入困境。

因此,构建和谐的师生关系是如此的必要与迫切。

一、建立和谐师生关系,有赖于教师自身观念的更新和专业文化素质、道德修养的提高,有赖于教师对学生无微不至的关爱、尊重、信任与理解

在当前教育教学改革与新课程标准实施的前提下,我们要倡导一种以尊重学生的人格、平等地对待每一位学生、热爱学生为基础,同时看到学生处于半成熟的、发展中的个体,需要对他们进行正确的指导和严格的要求的民主和谐的师生关系。因此,作为教师,应努力做好以下几个方面:

(一)作为教师,要树立正确的师生观

在传统的师生观中,教师高高在上,占绝对的支配权,学生处于被动的被支配地位,只能唯命是从,正襟而坐。但在新形势下,传统的师生观是行不通的,这就要求每一位教师必须转变观念,树立正确的师生观。在教育教学过程中,要以人为本,多关注学生,尊重学生人格;在教学上,要尽量采用启发式、探讨式的方法;在交谈中,要以平等的态度、商量的口吻与学生谈话谈心,互相协商。总之,在我们的工作中要处处体现出一种民主、平等的氛围,这有利于和谐师生关系的建立,有利于培养目标的实现。那么在教育教学过程中还要不要师道尊严呢?回答是肯定的,但不是建立在硬压、虚妄上的师道尊严,而是建立在教师的德才兼备上、学识上,让学生认同教师,接受教师,信服教师,从而在学生中建立起威信。

因此,作为新时期的教师,一定要树立正确的师生观。教师不是教育的指挥者,也不是教育的统治者,教师是为学生个体服务的,是为国家、社会服务的培育人才的专职劳动者。教师应该既是为学生服务的人,又是为学生成长引路的人、指导的人。

(二)作为教师,要努力提高自身的专业文化素质与道德修养学生们一般都喜欢有亲和力的教师,作为一名教师,拥有丰富的知识和多方面的能力是一种美;面对学生,一张诚挚的笑脸,一句温馨的叮咛,这些也是一种美,并且是最永恒的美。教师个人素质和道德修养的高低,不但影响教师教学水平的发挥,在师生关系上,更是决定了学生对教师的态度。再调皮的学生对于德高望重、德才兼备的教师总是十分尊敬甚至崇拜的。所以,要建立和谐的师生关系,教师的自身专业文化素质和道德修养必须不断加以完善和提高。

(三)作为教师,在培植和处理师生关系的过程中,首先应做到的就是热爱学生。和谐的师生关系来自于教师热爱学生的真诚,以"爱"感人,以"爱"化人。如果一个教师热爱他的学生,师生感情就会好,那么教师表扬学生,学生认为是鼓励;教师批评学生,学生认为是爱护;如果一个教师不热爱他的学生,师生关系就会紧张,那么教师表扬学生,学生认为是哄人,教师批评学生,学生则认为是故意找茬儿整人。

建立良好的师生关系,要求教师要以同龄人的心态理解、尊重每一位学生。学生有了缺点或错误,最大的愿望就是能得到教师的理解和原谅。如果教师针对一件小事抓住不放,反而会增加学生的逆反心理,不利于改正缺点。

建立和谐的师生关系,有助于学生发挥自身的主体能动性,尊敬、理解、信任教师。作为学生,应充分发挥自身的主体能动性,与教师加强沟通,积极配合教师的教学与工作,要尊重、信任并理解老师。只有这样,才能保证和谐师生关系的建立。因此,作为学生,应努力做好以下几个方面:

(一)作为学生,要充分发挥自身的主体能动性

长期以来,大部分学生对教师听而不问,信而不疑,形成了一种依赖教师的不好习惯。作为学生,应当让自己成为学习的真正主人,充分发挥自身的主体能动性。同时,学生也不能够不把教师放在眼里,一个人从小学

到高中甚至大学十几年的学习生活，一刻也离不开教师的帮助和教诲。

（二）作为学生，要尊重、理解和信任教师

我们常说教师要尊重、信任、理解学生，其实尊重、理解和信任是相互的，学生也要尊重、理解和信任教师。

首先，学生要尊重和热爱自己的老师。学生不能亲其师，也就不能信其道，就不能做到心往一处想，劲往一处使，师生无法形成一股合力，学习目标就不可能完成。所以，学生应该尊敬老师，爱戴自己的老师。

其次，学生要理解和信任自己的老师。学生要体会教师劳动的艰辛，要体会到教师苦口婆心的目的就是为了自己的成长。当教师在处理问题上出现错误的时候，作为学生千万不能因为老师错怪了自己就产生嫉恨心理，以为老师偏心眼，更不能采取消极的态度与老师对抗。而应根据当时的环境和条件，能解释就解释清楚，一时不便解释的暂时放一放，以后找适当的时机再解释，也可请别人代替自己去解释。作为学生，应客观地全面地评价教师，不能求全责备，不能要求过高，尤其对一些青年教师，更不能把教师偶像化。教师是活生生的人，不是神，也有优点与缺点，并不是完美无缺的。

二、建立和谐师生关系，有赖于家长与学校达成共识，形成教育的合力

家长是孩子的第一任教师，也是终身之师。因此，家长的一言一行、一举一动，家长的情绪、态度、思想感情等等都对孩子产生一定的影响。

首先，家长要努力提高自身素质，起到榜样作用。古语道：其身正，不令而行；其身不正，虽令不从。如果家长都品行不端正，不尊师重教，那么肯定不可能有和谐的师生关系。家长的师表作用与学生自身紧密相连。有人说：父母的素质——知识、学问、品德、修养、才能，就像火山底下的岩浆，积累得越厚实、越丰满，孩子成才的爆发力越强烈。

其次,家长要认真学习家庭教育知识,提高教育子女的水平。家庭教育是一门多学科的综合教育学,它涉及内容广泛,包括心理学、教育学、伦理学、美学、卫生学、营养学等等。对于家长来说,不要求每个人都成为教育专家,但需要家长们能了解孩子成长发育中的规律。

总之,在新时期下,和谐师生关系的构建更多地有赖于教师自身观念的更新和自身专业文化素质与道德修养的提高;有赖于教师对学生无微不至的关爱、尊重、信任与理解;有赖于学生发挥自身的主体能动性,尊敬、理解、信任教师;有赖于家长与学校达成共识,形成教育的合力。

和谐师生关系的建立和完善将进一步推动素质教育的向前发展,并能迸发出更强的教育能量,促进教育效果的不断提高,创造最优质的教育。

第三节　构建和谐师生关系是时代发展的需要,是历史的必然

前不久,一份关于初中学生心理状况的调查报告显示:当心理存在问题时只有2.06%的同学愿意向教师倾诉;在对待教师批评这个问题上有近三成的同学认为教师是可恨的,有意挑自己的毛病。虽然这份调查存在一定的局限性,但联想到在许多学校部分师生之间公开对立,学生对教师出言不逊、甚至扬言报复,这样的事情时有发生,让我们不得不重新审视师生关系这一古老而崭新的话题。

(一)构建和谐师生关系是时代发展、教育改革的必然

师生关系,是社会关系体系中一个多因素的关系体系,既反映了社会经济、政治、道德关系,又包含有为达到教育目标,完成教学任务的教与学的关系,也有情感行为的心理关系等。

师生关系必然同一定的经济基础相联系并为之服务。在农业经济

时代、工业经济时代的大部分时期，教师是"传道、授业、解惑"的主体，是主宰，是权威，学生只能被动地接受知识，师生关系必然体现着"师道尊严"。到了后工业经济时代，由于知识经济的到来，对个性发展的要求已日益强烈。教育途径的不断拓宽，教育管理和教育手段已逐步现代化、科学化，以教师为主体的活动舞台已逐渐被学生占领。因此，旧的师生关系势必遭受强烈的冲击甚至瓦解。

从教育改革的角度看，现代教育思想更注重"以人为本"，更注重培养学生能力和开发学生的智力。教育的过程是双方互动、共同促进和提高的过程。师生关系作为学校环境中最重要的人际关系而贯穿整个教育教学过程，这一关系处理得好坏直接关系到教育教学的效果、学校培养目标的实现，关系到学生的心理健康和全面发展。

在教育教学过程中，如果师生关系处于一种平等、信任、理解的状态，那么它所营造的和谐、愉悦的教育氛围必然会产生良好的教育效果；从学生的发展角度看，拥有交流能力、合作意识是事业取得成功的必要条件。优化师生关系可以为学生健全人格的形成与综合素质的提高打下基础。

所以构建和谐师生关系是时代发展、教育改革的必然。

（二）和谐师生关系构建的理念

和谐师生关系应该是教师和学生在人格上是平等的、在交互活动中是民主的、在相处的氛围上是融洽的。它的核心是师生心理相容，心灵的互相接纳，形成师生至爱的、真挚的情感关系。它的宗旨是本着学生自主性精神，使他们的人格得到充分发展。它应该体现在：一方面，学生在与教师相互尊重、合作、信任中全面发展自己，获得成就感与生命价值的体验，获得人际关系的积极实践，逐步完成自由个性和健康人格的确立；另一方面，教师通过教育教学活动，让每个学生都能感受到自主的尊严，感受到心灵成长的愉悦。

知识的传授渠道在不断地拓宽,而感情的大门却在不断地缩小,这不是危言耸听。多年来因受"天地君亲师""师徒如父子"和"严师出高徒"等传统思想的影响;尤其是在"应试教育"的沉重压力下,师生关系被扭曲、师生对立的现象主要体现在:

1."师道尊严"的传统观念在个别教师中仍然存在,他们放不下架子,不能平等对待学生而导致师生关系紧张。同时部分教师在管理、沟通上缺乏艺术,以管代教、以堵代疏,以批评代替教育的做法挫伤了学生的自尊心,使得他们的行为得不到理解,拉大了师生间的距离,并造成学生的封闭心理或逆反心理。

2.在教学成绩这座大山的重压下,教师和学生都为成绩疲于奔命。不合实际的高要求,超负荷的作业量使得部分学生、教师都承受着巨大的心理压力。而部分教师对学习成绩不甚理想、不听话的学生讽刺挖苦,甚至变相体罚,使得那些学生受到排挤,个性、心理受到压抑,找不到成功的阳光,于是厌学、逃学。一边是负有责任心的教师在强制学生学习;另一边是丧失选择自由、被迫学习的学生把教师的行为看成是压抑、侵犯,久而久之师生关系紧张、尖锐。

3.由于网络教育的到来,使得学生接受信息的渠道拓宽,从学校教学渠道获取信息的比例减低。而教师由于繁忙的工作获取社会信息量相对不足使得学生对教师的信任度和满意度降低。

4.成绩至上的评价方式根深蒂固,而全面客观的评价体系无法得到落实,使得部分学生的全面发展和个人潜能被忽视了,造成师生关系的疏远。

扭曲师生关系的因素有多种,但它的根源在于我们教育思想观念的偏差和行为方式的不当。长此以往势必严重影响素质教育的开展。可以说,构建新型师生关系是素质教育必须具备的先决条件。

第九讲　没有最好　只有更好

第一节　对当前中小学师德现状的担忧

　　首先听一个真实的故事:在 1988 年那次世界各国诺贝尔奖得主的巴黎聚会上,有人问一位诺贝尔科学奖得主:"您在哪所大学、哪个实验室学到了您认为是最主要的东西呢?"这为白发苍苍的老学者回答道:"是在幼儿园。""在幼儿园能学到什么东西呢?""把自己的东西分一半给小伙伴们,不是自己的东西不要,东西要放整齐,吃饭前洗手,做错事要表示道歉,午饭后休息,要观察周围的大自然……"他所提到的,都属于素质教育的范畴,都属于非智力因素。正如物理学家劳厄所说:"重要的不是获得知识,而是发展思维能力。教育无非是一切已经学过的东西都遗忘掉的时候所剩下来的东西。"

　　对学生进行"素质教育"的关键是教师应当转变教育观念,提高自己的素质和职业道德。不能想象,一个没有良好师德和优秀素质的教师,会培养出好学生。美国著名教育家保罗韦地博士花了 40 年时间,曾收集 9 万个学生所写的信,内容是关于他们心目中喜欢怎样的老师的。

　　保罗韦地博士概括出作为好教师的 12 种素质。

　　1. 友善的态度。"他必须喜欢我们。要知道,我们一眼就能看出他喜欢还是不喜欢教书。"

　　2. 尊重课堂内每一个人。"老师应对我们有礼貌。我们也是人。"

　　3. 耐心。"老师,请您耐心地听听我所提出的问题。在您听来也许可笑,但只要您肯听我,我才能向您学习听人。"

　　4. 兴趣广泛。"他带给我们课堂以外的观点,并帮助我们去把所学到的知识用于生活。"

5. 良好的仪表。"我立刻就喜欢她了。她走进来,把名字写在黑板上,马上开始讲课。你能看得出她是熟悉教学工作的。她衣着整洁,事事都安排得有条不紊。她长得并不漂亮,但整节课瞧着她,我没什么反感。她尽力使自己显得自然。"

6. 公正。"老师,只要您保持公正,您对我尽量严格。表面上即使我反对严格,但是我知道我需要您严格。"

7. 幽默感。"他讲课生动风趣,幽默活泼,听他的课简直是一种享受。"

8. 良好的品性。"我相信她与其他人一样会发脾气,不过我从未见过。"

9. 对个人的关注。"老师只和好学生谈话,难道他不知道我也正在努力吗?"

10. 伸缩性。"老师,请您记得,不久之前您也是学生,您是否有时也会忘带东西,在班上您是否样样第一?"

11. 宽容。"她装着不知道我的愚蠢,将来也是这样。"

12. 有方法。"忽然间,我能顺利完成我的作业了,我竟然没有察觉这是因为她的指导。"

保罗韦地博士将"友善的态度"即爱学生、善待学生,放在了第一位。

美国芝加哥一所私立中学,一位九年级的英语教师布朗女士在讨论完一道学习上的难题后,突然提出想到的一个问题:"请问同学们,如果在洪水来临时,你将先救谁?"这个提问立刻使课堂炸了锅:学生们议论纷纷,争先恐后地发表自己的看法。在同学们一片笑声和喝彩声中,一位年仅 15 岁的男学生回答道,如果他结婚了,他会救自己的妻子,而一位女生则大声回答说,她要去救老师布郎女士。

"为什么呢?"布朗女士问道。

"因为您最爱我们,最关心我们,您是我们最值得依赖的朋友!"

话音刚落,又是一片喝彩声,情绪激动的学生们顺着她的话纷纷发言,一致赞美他们的老师是世界上最善良、最富有同情心、最完美的人,也是他们最可信赖的朋友。

显然,这位布朗女士的教育工作是成功的,这种成功来源于最根本的教师素质——师爱。

教育需要师爱。没有师爱的教育是不存在的。在德、智、体、美、劳等各项教育中,师爱是基础,是先决条件。因此,在教育过程中,无私地奉献这种师爱,既是教育成功的关键,又是衡量一位教师素质的重要内容。

前苏联伟大的理论家、教育家捷尔任斯基说过:"谁爱孩子,孩子就爱他,只有爱孩子的人,才能教育孩子。"这些话,从师生关系上精辟地论述了师爱在教育工作中的极端重要性。

日本一家报刊,对千名学生进行调查,有52.8%的学生希望教师温和、可亲、具有爱心;而喜欢渊博知识型老师的只占31.1%。由此可见,在教师的素质中,师爱占了多么大的比重,有时,师爱比渊博的知识更重要。爱是一种积极的情感,它可以使人精神愉快,给人以温暖和动力;爱,是每一位学生都希望得到的精神雨露。如果教师用这种殷殷的师爱建立起师生间真挚的感情,就会收到神奇的教育实效。

教育是内外因共同作用的活动。但是,调动学生的积极性,发挥学生内因的作用是教育取得成果的关键。师爱正是发挥学生主观能动性的动力。爱犹如春雨,不管滋润了哪一位性格不同的学生的心田,都会产生巨大的效应——使学生看到自身的价值,产生向上的力量,进而励志进取。正因为如此,学生渴望爱的抚育,有时甚至超过对知识的需求。

学生得到教师的爱,自然而然地会激发出对教师的爱,反馈回去,形成爱的双向交流。心理学家称之为"动情效应"。这种效应会产生良好的后果,学生的表现是自觉尊重教师的劳动,十分愿意接近教师,希望与教师合作,把教师看成是父母般的亲人。他们愿意向教师反映内心世界,袒露自己的思想,真诚倾诉心里的秘密。关于这方面,相信教师们都有切身的体会。

师爱,不仅仅要求教师有爱学生的感情,最重要的是让学生感受到这种爱,从而有利于教育活动的顺利进行。十年树木,百年树人。爱既是一种艰辛的劳动,又是教师素质的最好体现。

那么,如何更好地体现这种师爱呢?

首先是尊重和信任学生,用一句上面提到过的学生的话,"老师应对我们有礼貌。我们也是人。"这里的人,指的是尊重学生的人格。

有一位教育学专家说过这样有意思的话:在今天中国的教室里,坐着的是学生,站着的是先生,而在精神上,这种局面恰恰打了个颠倒——站着的先生占据着至尊之位,而坐着的学生的躯体内,却掩藏着一个战战兢兢地站着,甚至跪着的灵魂。

在这种教育模式下,教师,尤其是缺乏"以学生为主体"意识的教师,往往无视学生的人格,不惜扼杀学生的思考力和想象力,而将学生纳入单纯应试的轨道;不惜占用学生自由发展与休息的时间尽量多布置作业,以使自己所教课程的考试成绩不落别人之后;甚至动辄训斥、体罚或变相体罚学生,来显示自己的权威;更有对学生采取"顺我者昌,逆我者亡",将吹牛拍马、打击报复这一套也引入师生关系,迫使学生接受"不听老师言,吃亏在眼前"的现实。在国外,像这样专制式的教育,几乎已经被所有的国家所摒弃。

树立主体意识,造就独立人格,已成为当代国际教育思想变革的一个重要标志。联合国教科文组织国际教育发展委员会1972年提出"学会生存"的口号后,又于1989年提出"学会关心"。同样在去年又要求当代世界青年应当"学会做人,学会生存,学会求知,学会相处。"正如建平中学校长冯恩洪所说,"真正有生命力的、跨世纪的学校,是尊重人格的学校;我当过 20 年的班主任,太了解尊重学生人格的意义了。"

其次是了解和关心。深入了解和热情关心,是师爱最突出的表现。世界著名教育家赞可夫曾经说过:"当教师把一个学生认识到他是一个具有个人特点的、具有自己志向、自己智慧和性格的人的时候,……才有助于教师去热爱儿童和尊重儿童。"老师们常说"爱生如爱子",但真正能做到这一点的教师,又有多少呢?浇花要浇根,教人要教心。然而,在我们平时所接触到的道德教育里很少有教心的,即培植人的善心,包括良心、爱心、同情心、怜悯心。请听听学生的心声:"老师,我希望你是一个有感情的人,而不仅是一架教书的机器;老师,请你不仅教书,而更是教我们做人;老师,请您也把我当人看待,而不仅是您记分簿上的一个号码;老师,请您不要单看我的成绩,请您更要看我所作的努力;老师,请您经常给我一点鼓励,不要让您的要求,超过我的能力。"

第三是严格要求。爱而不严不是真正的爱。师爱有别于母爱,正是在于它突破了溺爱的圈子,严格要求和精心施教有机地相结合。但是一讲"严",中国的传统教育是,一定要认真听课,按时完成作业;学习上一丝不苟,循规蹈矩;老师讲一,学生不说二;等等。

西方教育的"严"更多地体现在做人教育上。马克思曾和他的女儿劳拉有过一段有趣而又令人深思的谈话,劳拉问他:"你最能容忍的缺点是什么?""轻信和无知。""你最不能容忍的缺点是什么?""欺骗和奴颜婢膝。"现代文明社会对人才素质的要求越来越集中体现在对人的人品、人格、品德、品行、道德、修养、素养、教养、涵养、情操、礼貌礼仪、风范魅力、举止风度和人文精神的要求上。

举例来说,美国人把学校的作弊风当作"国家丑闻"来对待。美国得州品德教育研究所所长马尔基说:"欺骗是一种习惯性行为,在课堂上撒谎的学生将来就会对同事、上司和妻子、丈夫撒谎,如果一个国家不珍惜诚实,把品德看作是无足轻重的小事,我们的社会将变得多么可怕!"所以,美国的学校和教师对说谎和欺骗深恶痛绝,敢于采取严厉的惩罚。美国人在这方面的严厉,和他们对学生学习上的宽松,形成了鲜明的对照。是非观念,一清二楚。联想到我国当今到处泛滥的假药、假酒、假唱,乃至教育界的假文凭、假课,这还不够发人深省吗?

再就是要为人师表,作风民主。为人师表是师爱的重要体现,一位高素质的教师,必然是一个具有良好修养和情操的人。教师树立自身美好形象最重要,用美的形象、美的人格去感染学生,引导学生,这是一种无声的爱。

在学校里,我们常常看到这样一种情况:让学生做同一件事情,有的教师说出来,学生立即听从,乐于接受,而且完成得很好;有的教师说出来,学生却无动于衷,懒于接受,即使被迫做了,也是马虎了事。于是,人们就说,前一种教师在学生中有威信,后一种教师在学生中没有威信。

有的教师对于调皮、不顺从的学生,往往采取训斥、威胁,甚至惩罚的手段,造成学生的心理恐惧。教师来了,学生在教室里鸦雀无声,安安静静,教师对此十分满意,以为自己有威信、有办法。殊不知这并非学生发自内心地对老师的尊敬,而是基于威慑,表面上暂时遵从。当教师一走,教室里又是翻天覆地,乱作一团。

教师的一言一行、一举一动,都会通过学生的眼睛在他们的心灵底片上留下影像。做教师的,加强思想修养,有崇高的境界、高尚的道德品质;遇事冷静,不随便发怒,不以威压人;处事公平合理,不抱偏见,对自己所有的学生一视同仁;还有谈吐的文雅、仪表的端庄、良好的生活习惯……

所有这些,都会给学生留下终身难忘的印象,成为学生永远的楷模,从这个意义上说,"教师是学生的第二父母"是决不为过的。

我们讨论"师爱",问题的核心即"学生是什么?"

学生是学校的主体,学校所做的一切都是为学生服务的,学生是教师提供优质服务的对象,是教师赖以生存的载体,真正给教师发工资的不是国家而是学生。学生付出学费进学校求学,教师为学生服务,教授给学生做人的道理、文化知识和专业技能,应该是天经地义、理所当然的事。学生是主角,教师是配角,应该是教师围着学生转,想方设法提供最佳教学方法和教学效果,让学生在学校里获得他们所应当得到的东西,位置摆正了,也许很多问题也就迎刃而解了。

1988年1月,当代2/3的诺贝尔奖得主共75人聚会巴黎,发表了一个宣言。宣言的第一句话就是:如果人类要在21世纪生存下去,必须回首2500年去吸取孔子的智慧。这句话至少表明,这些当代人类的才子、科学的巨匠们,对诞生于中国这个东方的文明古国的人类文明伦理和人文科学的重要性是何等的重视!在已经到来的高科技的电脑网络信息时代,人们可以登上月球,飞向宇宙,甚至能"克隆"自身,但人类的生存却离不开中国2500年前的教育家——孔子留给我们的一部《论语》。

前不久,有一位学者被邀请去讲课。讲课前,他先向学员提了这样一个问题:"你们说,现代社会最缺乏的是什么?"

台下学生异口同声地喊成一片:"缺德!"

这位学者顿时泪流满面……

一、最可悲的是教师"缺德"

"德"是人们经常挂在嘴边的一个词。一个有威望的人称之为"德高望重";选拔干部强调"德才兼备";若做了损人利己的事,会被人骂为"缺德鬼",北方人会蔑视地说:"看这人德行。"

职业道德是与人们的职业活动相联系的,具有自身职业特征的道德规范。各行各业都有自己的职业道德,做医生的有医德,当演员的有艺德,做教师的有师德。唐代文学家韩愈在《师说》中给教师这一职业下的定义是:"师者,所以传道授业解惑也。"就是说,"传道"是三大任务中的首要。而要向人传道,自己的道德就要高尚,这也是老师受人尊敬的原因。教师是"为人师表"的神圣职业,其一言一行都会影响到下一代的成长。据有关部门不久前进行的民意调查,教师在所调查的21种全民所有制的行业中,被认为是社会形象最佳的;也就是说,其职业道德状况是最好的,这也是不争的事实。但是否就没有问题了呢?有,而且相当普遍,有的问题还相当严重,"体罚学生"是教师最大的"缺德"!

人们将教师职业比喻成是"太阳底下最光辉的职业"(夸美纽斯)。教师是辛勤的园丁,教师是"爱心大使",教师是"真正天国的代言者,真正天国的引路人"(杜威)。如果教师中的某些人做了摧残"祖国花朵"的缺德事,那么人们心目中教师的美好形象和崇高地位恐怕就荡然无存了。

二、最可怕的是教育腐败

有位资深老教师说,现在在社会上可以看到的丑恶现象,在教育战线几乎都能看到。"打假"之风已经吹到了教育界,以前难得听到的"假教授""上假课""炒卖假文凭""办空头学校""高考舞弊"现在已经屡见不鲜。为了过各种评比检查的"关",争名誉,上等级,不惜唆使教师、学生共同参与说谎、"造假",已成了一些学校领导的惯用手段。平时教师总是教育学生应如何做一个诚实的孩子,今天为应付检查,为了学校的荣誉,为了听领导的话,居然教唆学生如何去说谎,这在学生心灵中(特别是小学生)留下了难以磨灭的阴影,使其以为说假话是一种正常的行为,其结果只能是破坏了教师的形象,使教师的威信在学生的心目中大打折扣。

学校乱收赞助费,或将收费与入学挂钩,屡禁不止。从上幼儿园开始,到小学、中学、大学,各类学校,尤其是稍有名望的重点学校,"进门费""赞助费"少则几万元,多则几十万元。国家教育部门为制止乱收费而不得不多次下发红头文件,甚至将收费标准公布于报端,但仍有不少教育单位顶风而上。

《中国改革报》载文指出,腐败之风吹到了昔日平静的校园。国家屡屡严令禁止的公款吃喝、公款旅游似乎在这里找到了理想的避风港。小小一个学校报销"吃喝账",一次动辄几万甚至十几万元,有的单位领导干部的"联络感情餐""招待费"一次竟达数千乃至上万元。有一个县,部分中学校长和乡教委主任巧立名目的一次公费旅游就花去近20万元。一个连教师工资都发不出的穷县的教育领导部门公费派出"关系""出国考察",这位与教学根本不沾边的人员考察了什么,普通人不得而知,只知道光考察费用就达几十万元。

以前有一种误解,以为贪污受贿是党政机关和司法部门的事。似乎学校是名副其实的"清水衙门",除了粉笔头没有任何东西可贪。但事实并非如此。有群众说,一个普通中学,一次招生下来,校长就能捞一辆桑塔纳。

人们说这腐败那腐败,最可怕的是教育腐败,因为它毁的是希望,是国家的未来,民族的明天。教育工作者,尤其是教育部门的领导,都是"人类灵魂的工程师",其一言一行,对可塑性极强的青少年一代有着强烈的潜移默化作用。他们不仅要教给学生知识,更要教他们如何做人。我们都痛恨"以权谋私",却往往忽略了"以教谋私"。其实,"以教谋私"的危害往往更大,因为它损害的是一颗颗纯洁无瑕的心灵。因此,教育界多点危机意识,把师德教育提高到反腐倡廉的高度是十分必要的。

三、最迫切的是实行教育民主

实际上,在我们的"教育现代化"建设中,教育民主的概念并无一席之地,"儿童中心"之类的现代教育也早已失传。由于家长、社区、学生对学校事务完全没有发言权和参与权,家长几乎没有选择学校和教师的权利,学生没有转学和转班的自由,处于十分不平等的地位。这种封闭和不民主的体制弊端在很大程度上助长了学校和教师单方面的"霸权"。

"尊师爱生"长期以来一直是学校师生们的行为准则,但在实行中,老师往往受到"师道尊严"的传统观念的影响,过多地强调了"尊师",而忽视了"爱生"。现代教育理念提倡的应该是"互尊互爱",或者说是"爱师尊生"。

学生上课可"插嘴",这在西方国家根本算不上新闻,然而"上海东格致中学大胆革新教学方法,在刘大年老师的地理课上,学生可以不举手随时发言……"却成为《文汇报》1999年12月31日头版新闻。凡是去过美国读书的人都会深有感触地说:"美国的学生上课真是太自由了,学生不仅可以随时发言,而且还可以同老师辩论,老师和学生没有上下之分,而是平起平坐,充满着宽松和谐的气氛。"然而在中国,由于"师道尊严"的影响,学生上课只能俯首帖耳,不能乱说乱动。学生上课要想发言,必须是在老师提问时,并经过老师的允许,否则,受校规处罚。某地一老师给一喜欢"插嘴"的学生在嘴巴上贴"封条"——用塑胶布将嘴巴粘住,令其无法张口讲话。这样的"今古奇观"也算是中国教育的"特产"了。

中国的学生堪称世界上最听话的人。当学生走向社会参加工作,在领导面前更是不能随意"插嘴"。无论是在严肃的会议上,还是在闲聊的场合下,领导讲话,下属只能洗耳恭听,点头称是。倘有人随意"插话",摇头说不,其结果就不是像有的老师对待学生和有的父母对待孩子那样"打是亲,骂是爱"了,领导一不会打二不会骂,只会笑嘻嘻地给你"穿小鞋",让你"吃好果子"——吃不了兜着走。老师要求学生不做阿Q,首先老师自己不能是阿Q。而要做到这一点,老师首先应具有民主意识,尊重学生的人格,平等地对待每一个学生。法制和民主的阳光应当照进校园。当前日益增多的学校诉讼,或许预示了这一前景。

四、最需要的是学会宽容

一所成功的学校,离不开一支高素质的师资队伍。一名优秀的教师,师德也许比专业水准更重要,除具备敬业和奉献精神外,必须坚定、诚实,具有"爱心",是一个"大写的人"。

陶行知先生有一句至理名言:"千学万学学做真人,千教万教教人求真。"

时代不同了,社会正在不断地发展和进步。联合国教科文组织提出现代青年应当"学会做人,学会关心,学会相处,学会学习",而其中"学会关心,学会相处"恰恰也是我们老师十分缺乏的一种现代民主法制社会所必备的品质。希望我们的学生学会竞争,学会优胜劣汰的法则,这些固然可以造就一时的"成功",但更应当学会宽容,学会合作,学会在逆境中进取。生存最良好的状态就是和谐,就是与地球生态为友,就是与人合作,与人为友,心胸宽广。

说起中国永定客家土楼美妙神奇,绝非夸张,那数不清的土楼绘画、雕刻、祖联、历史典故、名人趣事就使中外史学家、建筑学家、地质学家、文学家、艺术家和游客们赞叹不已。但是,土楼的美妙神奇,还不仅于此。土楼更为美妙神奇的是她对客家人才的孕育。

据史料记载,自1478年永定建县以来,从这些土墙泥瓦的建筑群中就走出了12名翰林、36名进士、300多名举人,仅坎市镇清溪村一个姓廖人家,4代就出了5个翰林;而另一廖姓的人家,兄弟二人均为进士,于是有了"四代五翰林,兄弟双进士"之美传。到了现代,特别是新中国建立以来,各类人才更如雨后春笋,层出不穷:有老一代革命家张鼎丞,有原中国科学院院长、全国人大常委会副委员长卢嘉锡,原国家建材工业部部长赖际发,人民解放军将领沈仲文、熊兆仁,广州美术学院院长、著名画家胡一川,福建省心胸外科研究所所长、著名心外科专家廖崇先,中国第一个女指挥家郑小瑛,中国科学院院士林尚安等等。还有分布在全国各地各行各业众多的企业家、专家、学者以及党政军机关的领导干部……更有高头乡侨福楼里一个江姓的家族出了10个博士,凤城书院一位郑姓的人家中走出了5位医生,因而又有了"一楼十博士,一家五医生"的佳话……

在漫长的历史岁月中,客家土楼群落地处偏远山区,交通不便,信息不灵,经济不繁荣,文化教育不发达,是什么神秘之手赋予了这万山丛中的土楼群落以神奇的能量,孕育出如此众多的人才?

从客家土楼独特的城堡式的建筑风格中,我们发现:是精诚团结、协调一致的风尚,为客家人才的层出不穷,营造了宽松的环境和温暖的土壤。客家人团结起来,用生土把墙筑得厚厚的,把房子建得大大的、高高的,像一座座巍然屹立的城堡,让整个家族几十人、数百人甚至上千人聚居在一块,大家共同生活、劳动、娱乐。不仅本楼里、本房内团结互助,而且楼与楼之间、房与房之间也亲如一家;一人有事,众人帮忙,一楼有难,八方支援;对外,同仇敌忾,携手并肩,生死与共;对内,尊老爱幼,礼让敬贤,和睦相处;保持并弘扬了中原汉族团结友爱的美德。在客家土楼里,到处可见教育人要团结友爱、尊老敬贤、以诚相待、心胸豁达的对联、题词、壁画和雕刻等等,正是这种凝聚力、向心力减少了尔虞我诈和嫉贤妒能,增添了敬贤尊老、共同进步的和谐氛围,为人才的培养营造了一个宽松的环境。

"教育成功的秘诀在于尊重学生。"(爱默生)

我们教师要教育学生"学会做真人",首先应当尊重和宽容学生。在现代教育中,个人是重要的,童年是重要的,童年生活与成人生活具有同样的价值,教育应该"尊重未成熟状态"。

又是一个被叫到办公室"训话"的"调皮"学生,先批评教育一通,然后"勒令"写检查,在全班检讨,保证下次决不再犯;在上课时看到学生偷看课外书籍,马上当着全班同学的面予以没收;学生偶然顶了一下嘴,老师勃然大怒,立即要学生当面道歉,否则决不让其上课;学生课间打扑克,被老师发现,当即没收,结果一学期下来,老师的办公桌内竟放着好几副牌;学生课堂上做其他学科的作业,被老师发现,当众没收撕毁;学生做错了题目,默不出生词,罚抄多少多少遍;学生自行车未摆放在学校规定的地方,随即用铁链条扣押,直到学生写了检讨,才能领回;学生违反班纪校规,一律处以罚金,少则一元,多则十元;班级丢了东西,强行打开学生的书包进行检查;学生成绩落后或犯了纪律,用侮辱性的语言讽刺挖苦学生;动辄罚学生站,擅自停学生的课;因为学生没有归还图书馆的书,或者没有参加补考而扣发其毕业证书……

凡此种种,在当今学校教育教学过程中,可以说是屡见不鲜、习以为常了。

《未成年人保护法》第十五条规定:学校、幼儿园的教职员应当尊重未成年人的人格尊严,不得对未成年学生和儿童实施体罚、变相体罚或者其他侮辱人格尊严的行为。

《教师法》第三十条规定:教师有下列情形之一的,由所在学校、其他教育机构或者教育行政部门给予行政处分或者解聘。

(一)故意不完成教育教学任务给教育教学工作造成损失的;

(二)体罚学生,经教育不改的;

(三)品行不良,侮辱学生,影响恶劣的。

教师有前款第(二)项、第(三)项所列情形之一,情节严重,构成犯罪的,依法追究刑事责任。

所有这些,实际上都侵犯了学生的权利,甚至是违法行为。然而不少教师浑然不知,甚至作为"治教法宝""代代相传"。在我们现有的教育制度下,大部分的家长和学生无法通过教育制度本身保护自身合法权益。其实,教育和教师的行为都必须接受一些基本法律约束,比如说《世界儿童公约》、《未成年人保护法》。但是很可惜,像这样的法制教育往往也是缺席的。很多教师不知道《世界儿童公约》,甚至不知道《未成年人保护法》和《教师法》。

中小学生从总体上讲属于"弱势群体",他们缺乏自我主张、自我保护的能力,不善于运用法律武器保护自己,对个人权益的维护往往需要通过学校和老师的帮助和呵护。如果我们老师也不能自我约束,或者根本不注重维护学生的人格和权益,那么我们教育出来的下一代要么是唯命是从、唯唯诺诺,毫无开拓创新精神的"奴才",要么就是"阳逢阴违""见风使舵"的"小人"。

《学习的革命》一书中有这么一段话,实在令人深省:

如果一个孩子生活在批评之中,他就学会了谴责。

如果一个孩子生活在敌意之中,他就学会了争斗。

如果一个孩子生活在恐惧之中,他就学会了忧虑。

如果一个孩子生活在怜悯之中,他就学会了自责。

如果一个孩子生活在讽刺之中,他就学会了害羞。

如果一个孩子生活在妒忌之中,他就学会了嫉妒。

如果一个孩子生活在耻辱之中,他就学会了负罪感。

如果一个孩子生活在鼓励之中,他就学会了自信。

如果一个孩子生活在忍耐之中,他就学会了耐心。

如果一个孩子生活在表扬之中,他就学会了感激。

如果一个孩子生活在接受之中,他就学会了爱。

如果一个孩子生活在认可之中,他就学会了自爱。

如果一个孩子生活在承认之中,他就学会了要有一个目标。

如果一个孩子生活在分享之中,他就学会了慷慨。

如果一个孩子生活在诚实和正直之中,他就学会了什么是真理和公正。

如果一个孩子生活在安全之中,他就学会了相信自己和周围的人。

如果一个孩子生活在友爱之中,他就学会了这世界是生活的好地方。

如果一个孩子生活在真诚之中,他就会头脑平静地生活。

你的孩子生活在什么之中呢?

在这儿我也想问老师们一句:"您所教的学生们生活在什么之中呢?"

五、最重要的是造就独立人格

多年来,当我们习惯性地美化、神化教师职业时,却并没有为现代教师人格的塑造注入新的营养。以研究现代化闻名于世的美国社会学家艾·英格尔在《人的现代化》一书中说:"传统人所拥有的品质使他们容忍或安于不良的现状,终身固守在现时所处的地位和境况中而不求变革。那么陈腐过时的、常常是令人难以忍受的制度就暗暗地靠着这些传统的人格性质,长久顽固地延续下去,死死抓住人们。要冲破这个牢固的束缚,就要求人们必须在精神上变得现代化起来,形成现代的态度、价值观、思想和行为方式,并把这些熔铸在他们的基本人格之中。"

什么是现代人的基本人格呢? 世界的共识是:

1.具有主体意识,不依附于他人或单位。

2.崇尚民主法制,具有社会责任感,主动参与社会事务。

3.重视精神生活,自觉地追求美。

4.思维发散,具有创新精神。

5.能自省,勇于自我解剖、自我批判、自我超越。

6.不因循守旧、安于现状,具有进取精神和竞争精神。

7.眼界开阔,心灵开放,乐于接受新事物,不断补充新知识。

8.崇尚科学,实事求是,不迷信书本、慑服权威。

9.具有道德约束力,富于爱心。

10.具有环境生态意识,能造福后人。

11.讲求效率,重视技能,具有敬业精神和集体主义精神。

12.重视生命价值,保持健康的生活方式和平衡的心态。

人,尤其是普通人,在一个国家的现代化的过程中有重要的作用;国家的现代化首先是人的现代化。一个国家,只有当它的人民是现代人,它的国民从心理和行为上都转变为现代的人格,它的现代政治、经济和文化管理中的工作人员都获得了某种与现代化发展相适应的现代性,这样的国家才可真正称之为现代化的国家。否则,高速稳定的经济发展和有效的管理,都不会得以实现。即使经济已经开始起飞,也不会持续长久。

鲁迅有一句名言:"看十来岁的孩子,便可逆料二十年后中国的情形。"

教师从事的是"教书育人"的职业,倘若教师本身不具备现代人格,那么他培养出来的下一代便可想而知了。

报道一:

有一个秋天,北大新学期开始了,一位外地来的年轻学子背着大包小包走进了校园,实在太累了,就把大包小包放在路边。这时正好一位老人迎面走来,年轻学子走上去说:"您能不能替我看一下包呢?"老人爽快地答应了。那位年轻的学子就轻装地去办理各种入学手续。一个多小时以后回来了,老人还在尽职尽责地完成着自己的使命。谢过,两人走去。

几日后是北大的开学典礼,这位年轻的学子惊讶地发现,主席台上就座的北京大学副校长季羡林先生正是那一天替自己看包的老人。在那一瞬间,这位年轻人的心里是一种怎样的震撼。但在我们听到这个故事之后,却强烈地感觉到:人格,才是最高的学位。

报道二:中国工程院院士、博士生导师徐匡迪,以一名教育工作者的身份在"上海教育名师讲坛"为全市 700 余名代表作首场报告"今天,我们怎样做教师"。徐匡迪说,教育工作者要"学高为师、身正为范",要多看大局,放眼长远,不能急功近利,把单纯的升学率作为追求的目标,要时刻认识到"百年树人"的历史责任。他认为,教师的人格力量是素质教育的重要保证。这种力量来自于学术水平与道德情操的完美统一。教师要把教学生"学会学习"作为最重要的职责,要努力成为实践"终身学习"理念的楷模。

人之所以为人,就在于他是生而自由的,他可以选择自己的生活,他可以选择自己的人生道路,他是自己的主人。这种自主意识和自主行为构成了一个人的独立人格。

在中国的传统社会中,是谈不上独立人格的。每个人都埋没在社会给他的角色之中,总是在看别人的脸色,总是在揣摩着别人的意图,总是在为别人生活着,然而,奇怪的是,每个人都在为别人生活着,而别人却并未感到这种"恩惠"。

"我是为了你好。"领导在训斥下级的时候这样说。

"我是为了你好。"父母在训斥儿女的时候这样说。

"我是为了你好。"老师在训斥学生时这样说。

被训的人却从来体会不到其中的"好处"。

苏霍姆林斯基指出:"世界上没有别的职业比医生和教师更富有人道性了。"师生关系不应是从属、服从、压制的关系,而应当是民主平等的关系,是双方在人格平等基础上的合作关系。

对感情的敏感和珍惜,对人格平等的追求,也是当代学生强烈的心理意识之一。据调查,94.1%的学生赞成"是师生也是朋友"的关系,82.6%的学生喜欢"办事公正,尊重、理解和爱护学生,平易近人,不摆架子"的老师。只有5.9%的学生赞成"一日为师,终生为师"的传统观念。以权威压人、居高临下的教师不受欢迎。

师生之间是平等的。这种平等的一个突出体现是学生应受到老师尊重。教师要平等、公正地对待所有学生,尊重他们每一个人。许多教师和学校对"尊重学生"这一基本的教师职业道德并没有确认,他们强调"尊师"远远超过"爱生",在实际行为中则经常是自说自话、"无法无天"。多年来,在学校里,在教室里,教师的话决不可不听,小小课堂里,教师就是"天王老子",学生如果敢于顶撞老师,那简直就是"大逆不道""胆大包天""目无师长""不听老师言,吃苦在眼前"。

尊重学生,最重要的是尊重他的人格,让每个学生都有自信心,不能挫伤其心灵最敏感的角落——自尊心。尤其要强调的是对后进学生的人格尊重问题,因为后进生一般有很强的自尊心,他们也希望自己能够被人重视,成为有尊严的人。

以身作则、为人师表是教师职业道德的另一个重要特征。加里宁说:"世界上任何人也没有什么东西能比孩子们的眼睛更加精细、更加敏捷,对于人的心理上的各种微妙变化更富于敏感的了。"教师是教人怎样做人的人,首先自己要知道怎样做人。教师工作有强烈的典范性,为人师表是教师的美德。教师以身作则,才能起到人格感召的作用,培养出言行一致的人。所以,俄国著名教育家乌申斯基说过:"教师的人格,就是教育工作的一切。"教师对学生的这种影响是"任何教科书、任何道德箴言、任何惩罚和奖励制度都不能代替的一种教育力量。"

六、最关键的是实施创新教育

联合国教科文组织国际教育发展委员会在 1972 年所作的报告书《学会生存》中指出:"教育具有开发创造精神和窒息创造精神这样双重的力量。"

如果我们再不实施创造教育,我们就是在窒息人的创造精神。

事例一:

有这样几个小学生的语文造句:

想——我想听到开花的声音。

活泼——河里的水很活泼。

丢——上街时,毛毛把爸爸丢了。

爬——牵牛花像个小弟弟,爬在树上。

应该说,这些句子不仅对词意理解正确,而且造得生动传神,不落俗套,然而,我们的老师都给打了个"×"——小学生们仅有的一点点创造性嫩芽,就这样被摧残了!

事例二:

一个孩子的母亲,因孩子把她刚买回家的一块金表当成新鲜玩具给摆弄坏了,就狠狠地揍了孩子一顿,并把这件事告诉了孩子的老师。不料,这位老师却幽默地说:"恐怕一个中国的'爱迪生'被你枪毙了。"这个母亲不解其意,老师给她分析说:"孩子的这种行为是创造力的一种表现,你不该打孩子,要解放孩子的双手,让他从小就有动手的机会。"

"那我现在该怎么办?"这位母亲听了老师的话,对自己的行为后悔不迭。

"补救的方法是有的。"老师接着说:"你可以和孩子一起把金表送到钟表铺,让孩子站在一旁看修表匠如何修理。这样,钟表铺就成了课堂,修表匠就成了先生,你的孩子就成了学生,修表费就成了学费,你孩子的好奇心可以得到满足。说不定,他还可以学会修理呢!"

这个故事发生在半个世纪前。故事中的那位老师就是我国著名的教育家陶行知先生。

事例三:

有位幼儿园教师带领一个班的小朋友去一个纪念场所参观,进大门之前,她让小朋友们排成一列,并规定"后面一个人要看着前面一个人的后脑勺"。结果,参观完毕之后,有几个小朋友回到家里,当家长问及他们参观看到些什么时,都回答说是"前面一个人的后脑勺"。——那位教师的本意当然并非如此,她只是担心小朋友走失,便采取了这样一种简单的教育方法,而不去动脑筋费力气,让小朋友既参观好,又不会走失;当然更谈不上去鼓励小朋友们主动探索,大胆提问,积极思考。

事例四:

在美国教育中,教师毫不吝啬地给予学生大量的鼓励,有的鼓励甚至别出心裁。

一位小学校长很有幽默感,她向孩子宣布,如果全校孩子们能按照她的要求,在一个学年内读够了25000本书,她就去吻一头猪。于是,全校孩子欣喜若狂,拼命地读,为的是看校长如何吻一头猪。

当孩子们完成任务后，校长带着孩子们来到公园，在孩子们的"吻猪""吻猪"的欢呼声中真的吻了一头猪。此事还上了当地媒介头条新闻。

有人问校长，猪也吻了，下个学年还能用什么方法鼓励孩子读书？她豪放地说，准备租一个热气球，将阅读分最高的孩子升到天上去。

在美国中部的一所小学一年级教室里，教室后面有一条标语："童年是生命旅程的一部分，而不是一个有终点的比赛。"就在这个教室里，一个男孩子的桌上插着一个彩色气球。老师说，这是她送给他的，因为今天是这个男孩的生日，今天对他来说非常重要。

以上四个事例，都告诉我们，做一个教师必须要永葆"童心"。如果你仔细地观察一下孩子们说的和做的，无不具有"创造"的因素。作为教育工作者，就要扶植孩子们的创造萌芽，鼓励学生的创造活动。爱因斯坦说："学习知识要善于思考、思考、再思考，我就是靠这个方法成为科学家的。"因此，在对青少年的培养中，要珍惜那种充满着幻想、好奇的"童心"，充分培养他们的想象力、思考力和创造力，而不要用"死读书"的办法，窒息了这一最具生机、最可宝贵的心灵。

对人的创造力来说，有两件东西比死记硬背更重要：一个是他要知道到哪里去寻找所需要的比他能够记忆的多得多的知识；再一个是综合使用这些知识进行新的创造的能力。死记硬背，既不会让一个人知识丰富，也不会让一个人变得聪明。

早在20世纪40年代陶行知先生就提出要使学生获得"六大解放"：一是解放学生的头脑，就是要鼓励学生敢想、善想，敢于动脑，善于动脑；二是解放学生的双手，就是要鼓励学生敢干、善干，敢于动手，善于动手；三是解放学生的眼睛，就是鼓励学生敢于观察，善于观察，胸怀祖国，放眼世界；四是解放学生的嘴巴，就是鼓励学生敢说、善说，敢于提问，善于提问；五是解放学生的空间，就是要扩大学生的活动领域，不把他们局限在狭小的课堂里,也不局限在学校中;六是解放学生的时间,就是要保证学生有时间去独立学习、活动和创造,不要把课程排得满满的,也不要让课外作业多得做不完。

第二节 浅谈师德观念创新与师德素质提高的意义及途径

师者,所以传道授业解惑也。作为一名人民教师,要忠诚党的教育事业,要有广博的知识,更要有高尚师德、优良的师风。师德建设决定教师队伍建设的成败,教师素质的高低又直接决定着培养人才素质的高低;教师的素质直接影响着学校的教风和学生的学风,决定着教育事业发展的成败。陶行知先生说过:"学高为师,德高为范。"说的都是为师者不仅要有广博的知识,更要有高尚的师德。优良的师德、高尚的师风是搞好教育的灵魂。

一、师德观念创新与师德素质

师德建设具有鲜明的时代特征,即开放性、系统性和时代性。在认识和把握新形势下师德建设特征的基础上,需处理好师德建设中的几个关系,一是继承与创新的关系。要大力开展师德教育,增强广大教师的民族自豪感,激励其奉献才智。二是师德与师能的关系。师能是发展之本,师德是教育之魂,二者相辅相成,相互促进,而师德建设又必须放在首位。树立师德楷模,让广大教师学习。三是自律和他律的关系。四是育人和尊师的关系。要把师德教育与人文关怀和人本理念紧密结合起来,既对教师严格要求,又重视帮助教师解决实际困难。

二、师德观念创新与师德素质提高的意义

要全面实施素质教育,要提高学生的整体素质,其关键是提高教师的素质。而教师素质的核心正是"师德"。师德就是教师在教育工作中

必须遵守的道德规范和行为准则，以及与之相适应的道德观念、情操和品质；它充分体现出教师特有的职业属性，包括职业理想、作风、态度、行为。由于教师所从事的职业是教育人、塑造人的事业，所以，教师的道德素质比教师的文化素质更为重要。

首先，高尚的师德对学生"以人格塑人格"。有经验的教师都有这样的认识，师德好的老师，才能培养出品学兼优的学生，造就国家需要的优秀人才。一代代名师都很注重自己的道德修养，历代教育家提出"为人师表"、"以身作则"、"循循善诱"、"诲人不倦"、"躬行实践"的师德要求，这些既是师德的规范，又是教师良好人格品德特征的体现。在学生心目中，教师是社会的表率、道德的化身、人类的楷模、父母的替身。他们都把师德高尚的教师作为学习的榜样，模仿其态度、情趣、品行，乃至行为举止、音容笑貌、板书笔迹。许多卓有成就的政治家、科学家回忆起自己的成长经历，经常提到的就是老师的启蒙作用。这就要求教师切实认识师德的重要意义，以高尚的思想品德给学生指示正确的人生道路。教师的一句话能让人受益终身，教师的表率作用也可能影响一代代年轻人的成长。有一个人，在其小学时因为口吃而遭人歧视，因此性格变得很怪僻。但其班主任始终没有放弃他，不仅帮他慢慢地治疗口吃，而且还常常让他上台演讲，从心理上战胜口吃。他最终治好了口吃，而且还考进了一所重点大学的计算机系。大学毕业后，他没有去那些令人羡慕的大公司，而是走上了一所中学的讲台。别人问他为什么，他只说了一句话："我要把老师留在我身上的爱永远流淌下去，绵绵不绝！"

由此可见，教师的爱是一种多么强大的力量，它不仅可以提高教育质量，而且更重要的是会促进学生的成人和成才，会影响到学生的身心的发展、个性的形成、人生道路的转变，甚至会影响其终生。在实际的教育中，师德对学生的影响力主要是从教师的人格特征中显示出来的。我们所提倡的"以身作则，为人师表""学而不厌，诲人不倦"等，既是师德的主要表现，又是教师自身良好人格的体现。古人云："以身立教，其身亡而其教存"，反之，"其身虽存则其教已废"。

高尚的师德对于学生人格有着塑造作用。教师的劳动具有"以人格塑人格"的特点，一切师德要求都基于教师的人格，师德的魅力主要体现在人格特征中。历代教育家提出的为人师表、以身作则、循循善诱、躬行实践等，既是师德的规范，又显示了教师良好的品格特征。

师德建设不仅对学生个人有着至关重要的作用，并且还对全社会思想道德建设有着引领作用。教师在每个人从儿童到成人过程中形成的道德观念、行为习惯、世界观等起了决定性作用。师德建设对提高全社会思想道德水平、净化社会风气具有重要影响，把师德建设提到社会进步和历史发展的高度来认识，具有重要现实意义。

其次，师爱是师德修养的灵魂。当今社会，由于受社会大环境的影响，部分教师过多地偏向于对功利的追求，缺乏爱心，许多学生在人生的紧要关口，由于长期受老师的影响，因而可能最终导致其难以建立对社会的关爱。作为教师在一定程度上，热爱学生就是热爱教育事业。中央电视台曾播过这样一个节目：一个在小学就得过全国奥林匹克大赛奖的学生，进入中学后一直名列前茅，广泛受到老师的重视。就在他发挥自己的聪明才智，努力学习的时候，不知为什么，一次考试却退到了年级的第三名。这个结果使他一下很难接受。可就在他调整好自己，下决心扳回的时候，老师的责备、批评，让他这个从未受过批评的人一时难以接受，但他还是默默接受了现实，并且下决心用自己的努力，换回老师对他的喜爱。可他的努力换回的却是第八名的惨痛结果。他几乎崩溃了，可与此同时，老师的批评不仅变成了冷嘲热讽，更甚的是，竟然罚他站在了教室后面。这种羞辱让他感觉无脸再见同学们，于是走进了网吧发泄。没成想一发而不可收拾，从此他恋上了网络游戏，尽管他的父母多次为他转学，为他辞去了工作，专找附近没有网吧的学校上学，上下学亲自接送,遗憾的是,他再也没有恢复昔日的风采。镜头前,面对母亲的眼泪,他也仅仅表现出自己的茫然。可见师德建设的重要性,一个具有高尚品质的教师和一个只注重成绩的教师塑造的学生有多么大的差别。

第三,师德观念创新与师德素质提高的途径。关注问题学生,注重情感教育。教师良好的教育对学生的成长起着至关重要的作用。通过教育,可以使学生懂得人生的价值,对生活产生热烈的感情。融洽、和谐的师生关系,孕育着巨大的教育"亲和力"。"亲其师,信其道"的效应必将使学生在学习过程中有良好的心境、愉悦的情绪来激发积极认识和意志活动,"至诚感天地"。因此,教师要以育人为己任,要像爱护自己子女那样无微不至地关心"差生",和他们交朋友,鼓励他们大胆发问,哪怕问题提得再幼稚和无知,也不厌其烦地给予解答,从内心深处注意发现他们的难处和可爱之处,帮助他们解决困难,及时地发现他们的进步,并给予表彰和鼓励,使他们找回自尊、树立信心、增强毅力、鼓舞士气。同时要树榜样,带动一般。对屡教不改的,也切忌采用简单的指责、当面呵斥、讽刺挖苦,以免打击他们的自尊心,造成师生对立,结果事与愿违。如发现某生上课分神,教师可巧妙地走近该生身边给予提示,课后找他谈心,发现问题及时帮其解决,使他感到教师确实爱护他、关心他,自己不努力学习对不起老师。更认识到学习对自己终身的影响。这从有关教育"四大支柱"的观点更能说明。第一,学会认识,即掌握认识世界的手段;第二,学会做事,即学会在一定环境中工作;第三,学会共同生活,具有参与和合作精神;第四,学会生存,即充分地发展自己的人格,以不断增强的自主性、判断力和个人责任感来行动。从"教育的四大支柱"的内容来看,它更多地强调未来的学习不是以认知内容的获得为主,而是认知以外的情感知识的获取与情感能力的培养。

尊重学生人格,呵护孩子尊严。俗话说:"箭伤肉体,话伤灵魂。"教师在批评教育学生时要从爱护学生出发,最大限度地保护孩子的自尊心。把严格要求与尊重人格结合起来，选择批评场合，原则上最好一对一，避人耳目，千万不要当着他人的面提出批评，免得使对方受自尊心的驱使而产生抵触情绪。另外，把握最佳时机也很重要，即如何针对学生特点，在最有效最易发挥作用的条件下进行批评。如有个学生，经常喜欢在课堂上讲话，多次教育，效果都不理想，一次在上课时他站起来回答问题，但是由于其他同学还在底下讨论，他非常不高兴地要其他同学安静下来以便听清他的回答。老师便抓住这一难得的机会，对他说："当你在回答问题时，你非常反感有人在底下讨论，老师能理解你此刻的心情，我和你有同样的感受。而我们有的同学喜欢私底下讨论，不管他人的感受，把自己的快乐建立在对别人的不尊重之上，这就太不应该了，你说呢？"他低头不语，似有所悟。自那以后，在上课他不但不讲话，而且还制止他人上课讲话。

批评学生时心平气和。教师批评学生，态度要蕴藏期望，表情要充满关怀，放下架子，用和风细雨般的言辞与学生谈心、交心，以心换心，心心相印。记得有一则伊索寓言：风和太阳比赛，看谁能使披着斗篷的游客脱掉斗篷。冷风拼命地吹，使劲地刮，游客反而死死抱着斗篷不放。而暖洋洋的太阳晒在游客身上，只几分钟，那位游客便取掉斗篷，坐在树荫下纳凉去了。这则寓言充分说明了春光融融胜过狂风暴雨，委婉说服胜过粗暴干涉。毋庸置疑，心平气和地启发、开导是中学生思想转变的催化剂。教师雨露滋润般的情感教育会感化学生的心灵，陶冶他们的性情，完善他们的道德品行，从而把学生培养成身心和谐发展的 21 世纪的合格人才。

完善自我修养，做好学生典范。我们的教育一再强调，身教重于言教，教师要为人师表。作为一名教师，要求学生做到的，自己要首先做到，禁止学生做的，自己坚决不做，一定要为学生做出表率。一名经常迟到、早退、违反校规校纪的老师，又怎能在学生面前有说服力呢！所以，教师要塑造人格魅力，就必须做到严于律己，以身作则。在学生的心目中，老师是知识的化身，做人的榜样，最值得信赖和尊敬。老师的一言一行、所作所为，对学生的世界观和人生观都有着深刻的影响。很多学生在学习和生活中会刻意去模仿和学习老师的言行举止和生活习惯，无论老师的主观意识如何，老师的思想作风、学识才能、言语习惯、举止风度都影响着学生的成长。

做教师，无小事。我们必须从小的细节做起，从言谈举止、衣着仪表到气质形象做起。从兴趣爱好到为人处世做起；以身作则、洁身自好、以德服人的教师，才是学生效仿和敬佩的具有人格魅力的教师。用自己人格的魅力去贴近学生，走进学生、感召学生、通过自己的言传身教、润物无声地熏陶的教师，才会使学生充满对生活的热爱，具有昂扬向上的精神。

孩子的心灵是一块纯洁的镜子，教师的言行随时随地地照在他们心灵的镜子上，留下抹不去的印记。作为一名合格的教师，应该高标准严要求地要求自己，以良好的师德去影响学生。

第三节　加强师德教育　提高师德素养

不同时代有不同的道德观，不同职业有不同的道德内涵，但无论哪个时代，也无论何种职业，道德观念必有其共通的地方。教师作为社会的一分子，其师德内涵必然融汇于整个社会公德之中；而教师的特殊职业与地位，则决定着师德必然对整个社会公德产生极大影响。教师的师德决定了教师的素质，教师的素质又决定了教育的质量，因而师德建设是教师队伍建设的核心。作为一名教师，只有不断地提升自身的师德修养，才能做到与时俱进，适应新时期发展的需要，完成教书育人的学习重任。有了师德修养，自然教学水平就得到很大的提高，这是相辅相成的。

通过师风师德的学习，使我们认识到教师作为人类灵魂的工程师，不仅要教好书,还要育好人,各个方面都要为人师表。师德的形象,不是简单的说教,而是一种精神体现,一种深厚的知识内涵和文化品位的体现!形象需要培养,需要教育,更需要我们每位教师的自我修养!"花的事业是尊贵的,果实的事业是甜美的,让我们做叶的事业吧,因为叶的事业是平凡而谦逊的。"这是泰戈尔曾经说过的话。其实教师这个行业就像那默默奉献的绿叶,学生就像那含苞欲放的花朵,绿叶时时刻刻衬托着鲜花的美丽。"师者,所以传道授业解惑也。"教师的品行和素养是教师发展的一个重要前提,也只有对"怎样做一名教师"这一问题有深刻的认识,才能提出对自己更高的要求。

那么,提升教师自身师德修养的重要一点是什么呢?就是要富有一颗爱心。教师的人生就应该是一部爱的经典,只有倾注了全部的爱,师德修养才能在爱的奉献中得到提升,才能真正做到为人师表、教书育人。

《新时期师德修养》指出,爱岗敬业精神是师德的核心内容。高尚的师德来自于坚定的教育信念,这种信念是教师的精神追求和奋斗目标,具体体现在对教育事业具有高度的责任感和强烈的事业心,在工作中能够以身作则、严谨治学、乐于奉献、为人师表。一个不热爱教育事业的教师,决不会做到爱岗敬业;一个仅仅将教书看成是一种谋生手段的教师,决不会成为一名好教师,更谈不上有高尚的师德。

诚然,教师的职业是平凡的,教师的生活也是清苦的,但是只要有着对教育事业深深的热爱,认识到自己所从事的事业对民族和未来是一种不可推卸的责任,就会以教书育人为崇高的职责,并从中享受到人生的乐趣。就会在平凡的教学工作中勤奋求实,兢兢业业,不断提高自身素质,完善自我,在实践中实现自身的价值,实现人格的升华,具有高尚的师德修养,从而适应时代的要求,完成教书育人的重任。

热爱学生是教师的美德,是教育教学的前提。爱是教育的基础,没有爱就没有教育。热爱学生就是要尊重学生,爱护学生,信任学生。只有尊重学生，爱护学生，信任学生，才能建立一种平等、和谐的师生关系，教育才富有实效，才能培养出人格健全的学生。师爱是教育的灵魂，是教师教育学生的感情基础。师爱是一种只讲付出不计回报的、无私的、广泛的、没有血缘关系的爱，是一种严慈相济的爱。爱自己的孩子是本能，爱别人的孩子是神圣。"严在该严处，爱在细微处。"

只有热爱学生的教师，才能真正理解这句话的内涵，并努力去实践。具备了这样的师爱，就一定会在教学实践中满腔热忱，真正与学生交流、交心，建立良好的师生关系，把学生有力地吸引到教学过程中来，才能亲其师信其道，激发学生的学习热情，实现教育的目标。同时，在这爱的交流互动中，教师的师德修养也会得到提升。

教育需要爱。在教育过程中，无私地奉献师爱，既是教育成功的关键，又是衡量教师师德的重要内容。高尔基说："只有热爱孩子的人，才能配做一名合格的教师。"只有热爱学生的教师，才能成为师德高尚的教师。因为为了学生，教师必然注重和培养自己的道德修养，会在实践中不断地修正自己的言行，使之符合职业道德标准，会自觉地做到为人师表，从而树立起良好的师德形象。

"教师人生"需要生命的活力，需要生命的激情，需要生命的灵动。"教师人生"需要感动。感动自己，感动学生，感动家长，感动社会，感动中国，感动未来。当然，"教师人生"还需要责任，需要体验教育的快乐，感受教育的幸福。

"师德与师爱"是一个永恒的主题，需要每一位教师时刻关注，时刻牢记。有一句话说得好："人不一定都能伟大，但一定都可以崇高。"作为一名教师更应该努力去追求崇高，崇高并不一定要做出惊天动地的大事，而往往是在对待学生点点滴滴的细节上表现出来的，愿每一位教师对学生的爱都能够细水长流，师爱无痕，伴他成长。

教师对孩子的爱，是在教育实践中产生的，是教育者对受教育者的一种充满科学精神的和普遍、持久而高尚的爱。这种爱不是来源于血缘关系，也不是来源于教师的某种个人需求，而是来源于教师对教育事业的深刻理解和高度责任感，来源于教师对教育对象的满腔热情和无限期望。在师爱这种职业性的情感中，包含着社会对教师职业的特殊道德要求。

教师要对孩子有亲近感，要时刻牵挂着、依恋着孩子；教师要对孩子有期望感，始终对孩子寄予深切的希望，为孩子的点滴进步感到由衷的高兴；教师要理解孩子，要怀着一种体贴、爱护的心情去对待孩子；教师要有愿为孩子的成长而贡献才智和力量的热忱。教师对孩子的爱，不同于一般的人与人之间的爱，在这种爱的情感里面，包含着崇高的职业责任感和充满理智的科学精神。师爱要求教师要了解、尊重和信任孩子，既要求教师有爱的情感、爱的行为，也要求教师有爱的能力和爱的艺术。

师爱作为人类社会生活中最纯洁、最高尚、最宝贵的职业道德情感，是师德的关键。这是因为，教师对孩子的爱，不仅是孩子健康成长的重要客观条件，而且师爱作为一种无形的力量，还可以直接转化为孩子学习和进步的内在动力。同时，这种情感还可以使教师更深刻地感受到从事教育事业的乐趣。

教师是"辛勤的园丁"，教师是"燃烧的蜡烛"，教师是"人梯"，教师的工作就是奉献。师德以奉献为根本，教师以育人为职责，而育人是一种艰苦的、复杂的创造性劳动。教师劳动的重要特征是功在他人，功在社会，教师劳动的成果主要体现在孩子的成功中，而教师自身是默默无闻的。师德以奉献精神为根本，没有忘我勤奋、乐于牺牲的劳动热情和态度，没有勇于为教育事业献身的奉献精神，就没有真正的师德。当前，在改革开放大力倡导精神文明建设的今天，教师只有自觉地加强师德修养，正己、敬业、爱生、奉献，才能无愧加于教师头上的种种桂冠，才能完成时代赋予的培养人才振兴华夏的伟业。

教育是天底下最光辉的事业,师德是教育的光辉;教师是塑造人类灵魂的工程师,而师德就是教师的灵魂。师德是人梯,给一个又一个的攀登者以无穷的帮助;师德是绿叶,衬托着千万朵鲜花尽情地开放;师德是渡船,一趟又一趟地搭送着求知者到达成功的彼岸,师德是彩虹,是驿站,是理想之火,生命火光,是教师的人格魅力,是教育的全部生命。教师是一个崇高的职业,更是一份神圣的使命。我们每一位教育工作者,在感受到职业光荣的同时,应该更加地珍惜它,恪守师德,努力加强职业道德修养,提高师德水平,以实际行动来证明自己无愧于这个光荣的称号。

爱因斯坦曾说:"热爱是最好的老师。"教育也必须从爱出发,热爱教育这一职业,热爱所教授的专业,热爱学生。能够经常跟学生在一起,跟他们一起或是高兴或是悲伤或是激昂或是难过;把自己的经历讲给他们听,让他们汲取自己的经验或教训,力争把自己的成功复制到他们的身上,并加以扩大,看着他们一步一步走向成功,该是一件多么幸福的事情呀!否则的话,讨厌或是厌烦都会令你疏远学生,对所教专业与内容放弃钻研,当然也就不会享受到幸福,最重要的是浪费了一大批学生的美好时光。

俗话说:"艺大根深。"教学的质量好与坏来自教师的刻苦努力和理论修养的提高。一方面,教师要有扎实的基本功,稳固的知识体系,不仅要精通本专业知识,还要积极涉猎相关学科的知识,以及掌握大量的风土人情、人物典故、奇闻逸事等,这样可以开阔学生的知识面,同时提高教学的艺术性。另一方面,要具有良好的教学理论修养,使自己的教学过程符合教学规律和学生的认知规律,只有这样才能在实际的教学中提高效率,避免不必要的错误。因此,教师必须学而不厌,注重自身锻炼,积极进取,勤于思考,勇于实践,才能真正提高自身的知识和理论修养,胜任教师这一职业。因此,进一步加强教师的职业道德修养,提高教师的师德素质就显得格外重要。

第四节　加强师德修养

一、加强师德修养的基本方法

(一)加强理论学习

1.加强道德理论的学习

教师要认真学习马克思列宁主义理论,树立科学的世界观和人生观;认真学习中华民族传统的道德理论,吸取其精华,并在实践中发扬光大;认真学习共产主义道德理论,用先进的道德理论,武装自己,教育自己,树立正确的道德理想;认真学习一般的道德理论和教师的职业道德理论,从多方面获取道德知识,为良好道德品质的形成,奠定一个坚实的基础。

2.加强师德规范的学习

教师的职业道德规范,是衡量教师道德是非、指导教师道德行为、处理各种利益关系的标准,是社会道德在教师职业活动中的具体体现。它具体地向教师表明了什么是善,什么是恶,应该做什么,不应该做什么,正确回答了教师个人与他人、与集体、与国家利益之间的关系。教师职业道德规范是发展教育事业的有力保障。要将教师的师德规范,转化为教师个人的内心信念,需要教师有一个自觉学习、接受教育的过程。加强师德规范的学习,有助于提高教师遵守师德规范的自觉性。

3.加强教育科学理论的学习

学习教育理论,掌握教育规律,按教育规律办事,能更好地完成教书育人的职责,增强教书育人的本领。

(二)加强在实践中的磨炼

学习理论是重要的,更重要的是将理论付诸教育实践,因为教育实践不仅是教师进行师德修养的现实基础,同时也是检验教师师德修养的唯一标准,是教师师德修养的目的和归宿。教师的职业道德修养不是一蹴而就的,而是要在教育实践中不断认识,不断提高,不断完善。只有经过实践的反复磨炼,道德认识才能日益明确和深刻,道德信念和道德意志才能日益坚定,道德情感才能日益丰富,道德理论才能日益完善,才能形成良好的师德品质,成为品德高尚的人。

（三）加强向优秀教师的学习

在优秀教师的身上,集中体现了教师职业道德所倡导的优秀品质,他们的教育实践和先进事迹,生动体现了新时代师德的特点和要求,他们从不同的侧面把教师道德原则和道德规范具体化、形象化了。学习他们的先进思想和感人事迹,既能帮助我们提高师德认识,又能诱导和激发我们的师德情感。

（四）加强内省和慎独

孔子曾说:"见贤思齐焉,见不贤而内自省也。"（《论语·里仁》）教师以师德规范为准则,以品德高尚的人为榜样,时时反省自己,就能少犯错误或不犯错误。慎独就是在无人监督、有做坏事可能的时候,不做坏事。"慎独"一词源于《礼记·中庸》,书中说:"道也者,不可须臾离也,可离非道也。是故君子戒慎乎其所不睹,恐惧乎其所不闻,莫见乎隐,莫显乎微,故君子慎其独也。"古人尚知内省和慎独,作为新时代的人民教师,更应该努力加强自我修养,通过自我修养,强化自己的道德意识,磨炼自己的道德意志,并在实践中把道德意志转化为道德行为,做一个品德高尚的人民教师。

教师要提高自身修养。要有继承,有发展,有创新。教育历史悠久,从孔子到现在的两千多年中,前人的教学经验是一笔不可多得的财富,我们要虚心学习,博采众长,学习别人的经验,借用别人的教学技巧和方法,促进自己教学上的进步。但同时,也不能安于现状,应顺应时代的发展和教学要求的提高,学会发展和创新。在改革开放的今天,立足知识前沿的教师要有开放意识,在博采众长的同时要有自我创新。

（五）要有执着的精神

教学过程是一个逐步提高的过程,教师应把教学堪称自己一生的事业来奋斗。虽然初登讲台有些不适应,但随着对教学工作兴趣的提高和对教学内容的熟悉,教师的教学技能也会一步一步地提高。因此,教学过程是一个由模仿到创造,由不稳定到稳定,再到飞跃的逐渐完善的过程。要实现这一目标,教师自身必须具有坚持不懈和执着追求的精神,在不断的学习实践中大胆探索,勇于追求,积极进取。总之,教师好做,但教学却不好做,要想真正胜任教师这一职业也并不容易,非是一朝一夕所能达到的。此时,教师职业道德修养就成了至关重要的一环,它是教师做好本职工作的根本,也是教师有所创造和革新的催化剂,是教师道德行为最深层的根据和重要保证。

当今的中国,正经历着全面的改革开放和由计划经济向市场经济的社会转轨,这一重大的社会变革,引起了人们价值观和生活方式的极大变化,在这场深刻的社会变革中,教师职业道德面临许多新的问题。加强教师的职业道德修养,提高教师的职业道德素质,成为一项紧迫而重要的任务。

二、师德修养的主要内容

教师职业道德的基本规范是师德修养的主要内容。现时期我国中小学教师职业道德的基本规范是:依法治教、爱岗敬业、热爱学生、严谨治学、团结协作、尊重家长、廉洁从教、为人师表。其内容的核心是爱岗敬业、教书育人和为人师表。

三、当前师德修养中存在的突出问题

（一）工作不安心,敷衍了事

在市场经济的大潮中,有的教师受到拜金主义和功利主义的影响,不安心教育教学工作,热衷于下海经商,搞第二职业,对工作敷衍塞责,缺乏工作的热情和积极的追求。更有甚者,厌恶教师工作,试图跳槽,想早日离开教师岗位。

（二）不尊重学生侮辱体罚学生

有的教师因缺乏工作的责任心，不尊重学生的人格，以各种方式随意侮辱学生。比如有的教师说学生"比猪还笨"，"榆木疙瘩不开窍"，"生来就不是读书的料"；有的教师用大话威吓学生，说再犯错误就不让上课，就开除出校门；还有教师因学生未能完成家庭作业，未能取得好的考试成绩，就体罚、变相体罚学生，罚站、罚晒、罚写，拧耳朵、扇耳光、拳打脚踢，给学生的身心造成了极大的伤害。

（三）固步自封，懒于学习，自甘落伍

有的教师因缺乏工作的目标和进取的动力，对自己要求不严，平日懒于学习，不关心教育发展的形势，不注意更新教育教学观念，不努力钻研业务提高自身素质，不求发展，满足于现状，自甘落后于他人。

（四）斤斤计较于个人利益，不善于团结合作

有的教师工作中总把个人的利益放在第一位，毫无集体观念，不体谅他人的利益和要求，嫉妒他人的进步和表彰，对他人冷嘲热讽，拆台打击，造成人际关系紧张，与他人不能很好地团结合作。

（五）为教不廉，谋取私利

有的教师不热心本职工作，把主要精力放在校外创收上；有的教师利用职业之便，向学生强行推销各种学习、考试资料；有的教师未经上级部门许可，向学生收取节假日补课费、培训费等。

（六）衣着不整洁，言行不文明

有的教师不拘生活小结，或衣冠不整，或穿着过于艳丽花哨；有的教师思想不健康，言行中洋溢着低级情趣。

以上所述问题，违背了教师职业道德的基本规范，是教师缺乏师德修养的具体表现。要解决这些问题，需进一步加强教师的职业道德修养，提高教师的师德素质。

第十讲　终身学习的决心

第一节　教师为什么要终身不断学习

全球范围内,终身学习的思想观念正在变为社会及个人可持续发展的现实要求,学习越来越成为个人日常生活的一部分。在我国,教师的继续教育即在职研培已经趋向制度化,教师将是最先进入终身学习体系的一个群体,终身学习已经成为教师的一种责任和义务。与普通人相比,教师的终身学习更具目的性、系统性和紧迫性。

（一）教师学习的内涵

新时代中国教师的神圣职责是贯彻执行国家的教育方针政策,培养为社会主义现代化建设服务的具有良好思想道德素质、文化素质、身体素质、心理素质、劳动素质和审美素质的新型人才。一所学校能否坚持社会主义的办学方向,能否培养社会主义事业的建设者和接班人关键在教师。历来没有一个国家敢忽视学校的德育问题。我国素质教育坚持五育并举,德育为首的原则,教师首先要以德育人。教育思想、教育观点对教育事业的发展至关重要,正确的教育观可以造就人才,错误的教育思想则会摧残人才。教师的政治取向、道德素质、教育观、世界观和人生观对学生起直接影响作用。大多数的教师政治立场坚定,高风亮节终身不变,但也有少数人在风云变幻的社会环境中迷失方向,腐败堕落,甚至误人子弟。"教书者先强己,育人者先律己",教师要终身加强思想修养,加强现代教育理论、国家教育政策、法规和文件的学习;坚持正确的教育观、人才观和价值观;"学为人师,身为师范",引导学生树立各种正确观念,教育学生学会求知,学会做人,学会创造,培养学生成为"全面建设小康社会"的新型人才。

1.学习提高内在素质。

学习是人类生存和发展的重要手段,终身学习是当代教师自身发展和适应职业的必由之路。"严谨笃学,与时俱进,活到老,学到老"是新世纪教师应有的终身学习观。同时构建终身学习体系不是一朝一夕就能完成的,我们必须动用社会各方面的力量,整合各方面的优势,让人们切实感到学习的必要性和重要性,主动提高自己的内在素质,真正实现社会的和谐发展。

2.教师终身学习扩展知识,提高教学水平。

教师肩负着教书育人的重任,如果教师不能经常地更新知识结构,不能对新知保持长久的好奇与敏锐,教师就有可能被学生看不起,在学生眼里"老古董"多得很呢! 一旦教师不被学生看重,麻烦可真太多了,因为威信是维系师生关系最牢靠的锁链。

而且,教师的魅力在于通过活化了的知识的积淀所形成的诸多良好的品质:个性、修养、风度、气质、幽默感、对人的尊重的态度以及对真理的追求与敬畏。教师对知识的虔诚态度是多么令人感动啊!

一旦教师停止了学习,教师的工作便如同机械的运作,在机械枯燥的活动中教师会丧失人的本质,会觉得生活毫无意义,会沮丧而没有活力。这一切都将使教师工作显得多么令人厌恶。因此,学习本身还在拯救教师自己。学习可能就是这样一种东西,她使学生亲和你,使教师永葆活力,更有魅力。因此教师不再是一次性的学习,而是持续的学习来扩展知识领域,从而来提高教学水平。

(二)教师终身学习的可行性

在日新月异、瞬息万变的当今社会,学生的认知水平也随着时代的发展而具有了更高的起点。在这种新的形势下,教师只有连贯的、持续的学习来提高自己的专业知识和教学方法,对自己所教的学科有足够的把握,才能提高课堂教学的效率。俗话说:给学生一滴水,老师要有一桶水,而现在是老师要有源源不断的自来水。这些自来水从哪里来呢? 简而言之,这就要求教师要活到老学到老,也就是所谓的终身学习。

1.教师学习的内容。一是学会学习。在当今社会,学会获取知识的方法比获取知识本身更为重要。学会学习、养成良好的学习习惯、使学习成为自己的一种生活方式将是每一个人未来生活幸福和愉快的保证。二是通晓自己所教的学科,成为学科专家。人们越来越清楚地认识到,教师只有接受严格的、高层次的学科教育,才有可能在教学过程中应付自如、得心应手。仅仅接受中等教育和最低层次的高等教育是不可能全面掌握一门学科的。一个合格的教师应全面学习一门学科,包括学科历史、学科结构体系、学科基础理论、学科知识应用以及跨学科知识等。三是学习有关教育的学问。未来的教师必须是一个教育专家,必须在学习专业学科的同时掌握其他有关教育的学问,如心理学、教育哲学、教育技术、管理学等。四是学习信息技术。教育信息化主要强调将现代化信息技术转化为现代教学手段。它包括两类:一是视听技术,如广播、电影、影视、录像等;另一类指信息处理技术,主要是计算机的操作技术。

2.教师终身学习的途径。终身学习可通过两条途径来进行,一是系统教学,二是自学。因为任何一个教育体系,都不可能替代学习者的所有学习,特别是自学。因此,只有学习者把教育系统中的学习与自学有机地结合起来、协调起来,并在其一生中交替进行,终身学习才能最终实现。

3.教师终身学习的方法。一是参加系统的终身学习。我国很重视中小学教师的继续教育问题,全国各地都实施继续教育的系统工程。教育部明确要求,中小学教师要按期轮训。教师通过脱产进修、函授、自学考试或网络教育提高学历是适应职业的需要,也是自我发展的需要。所以未来教师的日常工作不再完全是教学生,定期接受继续教育将是其工作的重要内容,教师要把每一个阶段的学习作为"加油站",养成终身学习的习惯。二是参加校本学习。通过校本培训把知识转化为解决问题的技能、技巧,不断提高自己的教学技能和技巧。三是参加各类成人教育。如函授学习、电大学习、各类自学考试等。四是借助媒体学习。可通过光盘、磁带、电视、上网查询等方法学习外地先进的教学经验,提升自己的教学能力。

(三)教师学习在教学中的作用

所谓"学高为师,身正为范",作为一个教师,不但要有崇高的师德,还要有深厚而扎实的专业知识。"给人一杯水,自己要有一桶水,一缸水是不够的,必须是活水源头。"在知识更新异常迅速的今天,如果只满足于目前的知识,那就如逆水行舟,早晚要被社会所淘汰。只有树立终身学习的思想,不断充实自己,拓宽知识视野,才能在学生心目中树立起较高的威信。自己不断地研究,加强对教材的驾御能力才能提高自己的教学方法。

1.提高课堂教学效率。社会在发展,知识领域的扩展和更新,教材也在更新改革,学生的认识水平也具有了更高的起点,在这种情形下,教师只有不断地学习来提高自己的专业和教学方法,对自己所教的科目有十足的信心,才能提高课堂教学的效率。

2.教学发展的需要。尽管教师在教学过程中能够主动、积极地获取新知识,但由于受年龄、时间、精力等因素的限制,再加上新知识的产生速度大于人们学习和掌握它的速度,因此,随着时间的推移,教师原有的学科知识特别是所教学科以外的知识,因不常用被逐渐遗忘。这些客观因素导致教师在知识和能力上逐渐欠缺。因此,终身学习是教师补偿知识和能力的有效手段,既是教师专业发展的需要,又是搞好现代教育教学的需要。

3.带动学生树立终身学习的观念。在这个"计划赶不上变化"的时代,教师不仅要转变传统的知识传授者的角色观念,成为学生学习的促进者和协助者,而且其自身的学习不应该是一次性的学习,而是持续的学习来提高知识领域,学习要贯穿于自己整个教育生涯。因为对自己的教学生涯来说,仅靠最初的专业知识无论如何都是不够的。教师务必与知识和教学法的提高保持同步。"活到老,学到老",是我国的一句古训。这句话说明了提高和累积专业知识是为了帮助和促进学生成为终身学习者,教师需要以自身的行为和态度来感化学生成为学习的示范者。

教师为什么要终身不断学习呢?

这是因为教师要有足够的知识储备,必须对自己要讲的内容运用自如、得心应手,只有在这种情况下才能将自己的注意力分配给观察研究学生的学习状况和心理状况,否则就容易顾此失彼。尤其需要注意的是,许多老师经过多年的教学,认为自己对所教内容已烂熟于心,没必要再认真努力地学什么新东西。

这是非常错误的观点。一、因为知识越丰富,讲起课来就越内容生动有趣、海阔天空,而学生的思维就是适应生动有趣、海阔天空的;二、知识是需要时时更新的,老的东西总会被淘汰的;三、教师在不断学习中亲身体验学习过程能更加理解学生的学习过程,在制订学习计划、实施教学过程中更容易作出符合实际的对策。总之教师永远没有理由停止学习或放松学习。

学生在学习过程中一定要牢固掌握那些最基础的东西,比如在小学要掌握足够多的字和词,还有熟练的运用基本的数学运算。而在初级中学,要掌握基本的概念与公式。在这些东西上不能嫌麻烦,要有足够的耐心。而这些训练有时是非常单调和枯燥的,老师必须想方设法解决学生的学习兴趣问题。有了这些基础,学生才能独立地完成新的任务,才能在解决问题中感受到成功的快乐,才能培养自信和学习兴趣。问题是我们往往在教这些东西时没有给予足够的重视,以至于后来教起来非常困难。

阅读的东西很多是不需要识记的,而是用来作为识记那些最重要的内容的背景的。但绝不能对拥有这种背景知识持一点点忽视态度。正是这些大量阅读过的并且不需要识记的东西支撑了那些必须识记的东西。这就是说之所以有许多学生不能牢固地识记那些必须牢固掌握的内容，是因为他们没有阅读过足够多的相关知识。学生的兴趣有时就是那些背景知识。这些背景知识是学生思考的材料，没有这些材料学生无法思考，而不经过思考的东西，识记是困难的。由背景知识入手，并且借助背景知识来教学，应该是一种成功的做法。而我们往往为了"减轻"学生负担，只教授那些"关键"的东西。我们不知道，就是因为我们忽视了那些"课外"的、"边缘"的东西，而使我们的教学效果太差。我们这种做法其实是增加了学生的学习负担。

让学生发现自己不懂的东西，应该是教授新知的开始，而不是将新知直接展现给学生。学生觉得学习乏味，就是因为我们没有让他们自己内心先产生已知和未知的矛盾，没有让他们享受到发现问题的乐趣，并且没有让他们享受到解决问题的乐趣，没有助长他们的自信心、成就感。

时代在变，教师学习是人类生存和发展的重要手段，终身教育和终身学习是当代教师自身发展和适应职业的必由之路，也是21世纪生存的概念，活到老学到老，是新世纪教师的需要，是时代的呼唤，是教育发展的要求。

教师是人类永恒的职业，但社会对教师条件的选择并不永恒，时代对教师的要求越来越高。教师良好的素质并非学校教育、继续教育才能获得。新的教育观念认为终身学习是当代教师成长和发展的必由之路。

第二节　终身学习是当代教师基本生存素质

终身学习，要求教师崇尚科学精神，树立终身学习理念，拓宽知识视野,更新知识结构,潜心钻研业务,勇于探索创新,不断提高专业素养和教育教学水平。

终身学习是 21 世纪的基本生存素质,教师必须不断强化自身学习,树立终身学习观念。终身学习应该成为现代教师的职业素养和习惯。

(一)崇尚科学精神,树立终身学习理念是教师职业的必然要求

崇尚科学精神,就是尊重和推崇科学精神。什么是科学精神?近代著名学者梁启超先生认为:"有系统之真知识,叫作科学,可以教人求得有系统之真知识的方法,叫作科学精神。"教师从事的工作从某种意义上说就是科学工作,教师的教育教学过程必须遵循教育教学规律,特别是要遵循青少年成长发展规律、思想品德形成规律。教师崇尚科学精神,就是教师必须正确认识和严格遵循教育的内在发展规律办事。

教师具有科学精神,在教学过程中主要体现在理解知识所负载的价值及意义。知识既有事实层面,又有价值层面。近代以来,我们较多地强调事实层面的知识,或者过多地强调知识本身的事实及原理。一位有科学精神的教师会十分执着地追求科学知识所蕴涵的价值及意义,尊崇科学精神,并善于将这种科学精神传递给学生,以激起学生对真理的热爱。并在教学过程中积极地引导学生生动活泼地掌握知识。

教师具有科学精神,还反映在教师严谨治学的品格以及务实认真、锲而不舍、坚忍不拔等人格特质也会在传递知识的同时得到充分地展示。一个缺乏科学精神的老师,不懂得科学遵循规律的老师,毫无疑问,他的工作一定是事倍功半,甚至是徒劳无功。

教师崇尚科学精神,一个重要表现就是要树立终身学习理念。

终身学习理念,是 1965 年时任联合国成人教育局局长的法国著名教育家保罗·朗格朗首先提出的,自 20 世纪 60 年代中期以来,在联合国教科文组织及其他有关国际机构的大力提倡、推广和普及下,终身教育作为一个极其重要的教育概念在全世界广泛传播。许多国家在制定本国

教育方针、政策或构建国民教育体系框架时,均以终身教育的理念为依据,以终身教育提出的各项基本原则为基点,并以实现这些原则为主要目标。1994年,联合国教科文组织在意大利举行了"首届世界终身学习会议",提出了终身学习是人类21世纪的生存概念。自此,终身教育成为全球性的教育运动。

终身教育的理念是20世纪最富有冲击力的教育思想,1989年联合国教科文组织在北京召开的面向21世纪教育国际研讨会的报告《学会关心:21世纪的教育》指出,为适应21世纪的要求,教育体制不同于目前的形式,最重要的是社会更多地参与学校和学校更多地参与社会,学习将成为一个终身的过程。1996年,德洛尔主持的国际21世纪教育委员会向联合国教科文组织提交的《教育——财富蕴藏其中》的报告认为:终身教育贯穿人们一生的学习,是进入21世纪的一把"钥匙",要把"终身教育放在社会的中心位置上"。

教师必须确立终身学习和终身教育的理念:教师是人类永恒的职业,但社会对教师条件的选择并不永恒,时代对教师的要求越来越高。教师良好的素质并非与生俱来,而是通过学习才能获得的。终身学习的能力既是社会发展对人的要求,也是教育变革对教师职业角色提出的要求。设想,如果一位教师他自己的思想观念、知识结构从始至终都是一成不变的,他如何能培养出符合社会需要的人才?

(二)崇尚科学精神,树立终身学习理念是教师职业的现实要求

我国已经进入建设人力资源强国的新时期,国家需要大批创新性人才,随着知识经济时代和信息社会的到来,知识更新日新月异,新技术、新发明不断涌现,新理念、新型专业、新知识、新方法相继出现,创新性人才的培养是教育的要旨。教育的最终目的不是传授已有的东西,而是要把人的创造力诱导出来。深化教育改革,全面推进素质教育,首先要转变教师的教育教学观念。不同年龄和知识梯度的新老教师,必须通过学

习,才能转变教育教学观念,树立新的教育观和师生观。通过学习,才能掌握现代化的教学手段,传播先进文化,弘扬学术精神,造就创新人才。

当今世界,科技突飞猛进,知识经济已见端倪,国际竞争日趋激烈,人才资源在增强国力方面显示出越来越重要的作用,教育越来越受人类重视。科技进步,知识、经济和信息发展加上政治变迁,意识形态、生活方式和个人潜能的变化是终身教育思潮形成和传播的主要历史背景。终身教育是现代社会的产物。教育不再是随着学校学习的结束而结束,教师不再是知识的权威与垄断者,抱着学历证书、躺在功劳簿上而抱怨"谁动了我的奶酪"的人必将被淘汰,逆水行舟,慢进则退,不进则亡。

终身学习是当代教师成长和发展的必由之路。新世纪的教师必须道德高尚,知识渊博,具备扎实的教学基本功,有终身学习和创新教育能力。终身学习是一种知识更新、知识创新的要求。终身学习的主导思想就是要求每个人必须有能力在自己的一生中利用各种机会,去更新、深化和进一步充实最初获得的知识,使自己适应快速发展的社会。在深刻认识教育在社会经济活动中作用的基础上,必须把终身学习看作是教师的一种社会责任,一种人自身发展的需求。

教师应该成为终身学习的楷模。教师强则学生强,教师强则教育强,教师强则民族强。教书者必先强己,育人者必先律己,教师良好的素质并不是表现在一纸文凭上,教师的学历不等于能力,只有持久地学习,才能使教师的能力不断增长,素质不断提高。只有教师学会读书,才能教会学生学会读书;只有教师的知识不断更新,才能使学生的知识不断更新;只有教师学会终身学习,才能教会学生学会终身学习。

终身学习是教师专业持续发展的根本途径。教师绝不能满足于原有知识的掌握,满足于原有教育经验的积累,要不断加强业务学习,在提高自身知识传授能力的同时,着重增强科学研究能力和创新意识的培养,自觉地把自己的教育教学过程变成培养学生创造精神,激发学生创造力的过程,不仅向学生传授现成的知识,更要引导学生探索未知领域,让学生不仅接受解决问题的现成答案,还自己寻找解决问题的独创性方法。

特别是网络的普及,学生每天都在接受着大量的信息,面对东西方不同文化思维的碰撞,面对学习和生活中的诸多压力,他们每天都会产生很多疑惑,具有"一桶水"的教师再也难以为学生传道授业解惑了,教师必须具有源源不断的源头活水,方可担当人师。"问渠哪得清如许,为有源头活水来。"学习是教师专业水平持续增长的源头活水,教师只有通过学习,才能提高思想境界和道德水平;只有通过学习,才能不断丰富自己的专业知识;只有通过学习,才能掌握现代教育技术和教学技能。教师的学习就像植物对水分的吸收一样,一天也不能缺少,否则,教师的职业生命将会逐渐枯萎,教师只有做到学而不厌,才能诲人不倦。

教育是需要以品德化育品德、以人格塑造人格、以素质提高素质的崇高事业,教师要终身加强道德修养,及时掌握先进的教育理念,树立正确的教育观、人才观和质量观,才能教育学生学会做人、学会合作、学会求知、学会实践、学会创造。要给学生一碗水,自己有一桶水是不够的,至少是自来水,这是对教师学识水平的基本要求,在知识经济时代,教师必须认清终身教育和终身学习对自身成长和发展的重要性,自觉地树立终身教育、终身学习的观点,不断地提高自身素质,以适应现代教育的需要。

教师要创造性地使用教材并教会学生学习。教材对教师而言仅仅是一种媒介,教师处理教材时,不能简单地灌输教材,而要高水平地、有创意地处理教材。创造性的知识传递者是一个能处理知识、发现结构、进行有效的知识传递,并能激发学生的求知欲,使学生具有积极的学习态度的教育者。这就要求教师必须具有渊博的知识及展望学科发展前沿的眼光。如果教师具有了高知识素质,就能高屋建瓴地理解、把握、发现、处理、驾驭教材的内部组织结构并将其充分地表达出来。

创造型的教师在很大程度上是相对于教师自身教育习惯的一种超越，包括树立新的教学理念、形成新的教学风格、尝试新的教学方法、采用新的教学手段，都可以看作是教育创新。同时，教师正是在这种创造中使自己的职业生命充满活力。一旦教师停止了学习，教师的工作便如同机械的运作，在机械枯燥的活动中教师会丧失人的本质，会觉得生活毫无意义，会沮丧而没有活力。这一切都将使教师工作显得令人厌恶。因此，学习本身还在拯救教师自己。学习可能就是这样一种东西，她使学生亲和你，使你永葆活力，使你有魅力。

所以，当代教师绝不能作为一个把知识装入没有情感、没有个性的僵化的物器中的知识贩卖者，而更要让学生在接受知识的同时，心智能力得到开启，逐步掌握知识的内在结构，并学会探求知识的方法，获得一种生成性的学习工具。这样，他们也就获得了自我成长的翅膀。特别是学生获得了知识，形成了一定的素质后，这种素质将成为学生未来发展的内在动力源。另外，教师在传递知识的同时要促进学生的发展，让学生获得一种探索新知识的能力。让教师的职业生命充满活力。

第三节　中小学教师学会学习，为可持续发展获取持久的动力

苏联教育家马卡连柯说过："教育者的技巧，并不是一门什么需要天才的艺术，但它是一门需要学习才能掌握的专业。"学习是发展之本、提高之策、进步之源、成事之基。在学习化社会中每一个人都将是终身学习者，教师作为学生学习、发展的指导者、促进者，应当学会学习，一桶水是远远不够的，必须具有"活水源"，这个"活水源"就来源于不断地学习。

联合国教科文组织在《世界教育报告(1998)：教师和变革世界中的

教学工作》中指出："人们逐渐认识到,教学同其他职业一样,是一种'学习'的职业,从业者在职业生涯中自始至终都要有机会定期更新和补充他们的知识、技巧和能力。"

陶行知先生曾经尖锐地指出："有些人一做了教师,便专门教人而忘记自己也是一个永久不会毕业的学生。因此很容易停止长进,其而至于未老先衰。只有好学,才是终身进步之保险,也就是常青不老之保证。"

陶行知先生说："有些人做了几年教师便有倦意,原因固然很多,但主要的还是因为不好学,天天开留声机,唱旧片子,所以难免觉得疲倦起来。"他还说："要想做教师的人把岗位站得太久,必须使他们有机会,一面教,一面学,教到老,学到老。当然,一位进步的教师,一定是越教越要学,越学越快乐。"

马卡连柯说:学生可以原谅教师的严厉、刻板,甚至吹毛求疵,但不原谅他的不学无术。总之,教师要胜任教书育人和为人类社会造福这一神圣的使命,必须建立起动态的知识库和科学的知识结构,随时补充、更新、调整自己头脑中的知识体系,使自己的思想、观念和知识跟上科学发展的需要。要做到这一点,教师一方面要向书本学习,博览群书,上知天文,下知地理,中知人事。

教师作为专门从事人才培养的职业,从业者不仅要有高尚的道德情操,而应该具有广博的专业知识,精湛的教学艺术,才能担负起为祖国培养建设者和接班人的重任。信息时代,科技飞速发展,社会日新月异,教育者必须日新其德、日勤其业,才能学为人师,身为世范。

荀子在《劝学》中写道:学不可以已。意思是说,学习是一件永远也不能停止的事情。近代著名教育家陶行知倡导"活到老,干到老,学到老,用到老"。

人类的任何学习活动都可以从六个方面进行分析:①谁在学?即学习的参与者。②学什么?即学习的内容。③在哪儿学?即学习的地点。

④什么时间学？即学习的时间。⑤怎么学？即学习的途径和方法。⑥为什么学？即学习的目的。在这六个因素中,起最重要作用的是"为什么学习"。

无论学习的其他因素如何重要,都要围绕学习目的来运转。学习目的是第一位的。

过去,教师常常认为知识是确定的,教科书是物化的知识体系,教育的过程就是把这些确定化的知识传播、传授给学生。但现在,我们知道知识是不定型物,就是说,知识不再仅仅是一个客观化了的、明晰化了的、"真理"化了的东西,而内蕴着和人之间的互动关系,人在知识中的作用越来越强了,要让学生在学习知识的过程中感受到知识与生命的丰富关系,享受学习知识的愉悦。

当前美国流行教师资格测验——"国家教师测验"(NTN),从掌握知识的角度对教师资格进行考察,把教师的知识分为:①教师的一般知识基础,即教师的一般文化背景,如语文、文学、数学、社会科学、自然科学等方面的知识;②教学的职业知识,包括教育学、心理学的基本知识,以及教学的原则和实践知识等;③学科知识,即教师对于所教学科具有的知识。

我国学者认为,一位称职的教师主要应具备三方面的知识:本体性知识、条件性知识和实践性知识。教师本体性知识是指教师所具有的特定的学科知识,它是教学活动的基础。在教学活动中,一切努力都是围绕着本体性知识的有效传授。教师的条件性知识是指教师具有的教育学和心理学知识。教师在教育教学实践中,将科学知识转化为学生可以理解的知识,这一过程的顺利实施需要教师具备一定的条件性知识;教师的实践性知识是指教师在有目的的行为中所具有的课堂情境知识,和解决疑难问题知识以及与之相关的知识。也就是教学经验的积累。

教师要学会学习,在以上知识观的前提下,就意味着教师要学会学习,教师的学习并不是只读书、读死书。教师学习的内容非常广泛,包括学习专业知识、学习育人方法、学习教学技能等等。这就意味着教师的学习途径可以从书本中学、从网络中学、从他人身上学、从教学实践中学,等等。还需要教师学习方式必须发生转变。第一,由被动、机械地学习向主动、探究地学习转变;善于从日常生活中发现自己感兴趣的问题。第二,由依赖教材、教参向关注社会实践、经验和其他信息资源转变;第三,由盲从权威、迷信书本向发展创新精神和创新能力转变;第四,由过分关注单一应试知识向注重认知、兴趣、意志、毅力、信仰、科学精神等情感、态度和价值观转变。

总之,学习是教师为可持续发展获取持久的动力和源泉。所以教师要注意不断地补充更新自己的专业知识,更新观念,拓展知识面,不断提升自己的整体素质,始终跟上社会发展的需要,成为热爱学习、终身学习的楷模。

第四节　教师应当怎么做到终身学习

一、勤于读书

苏联教育学家苏霍姆林斯基在《给教师的一百条建议》中就曾建议青年教师们要每月买三本书:(1)关于你所教的那门学科方面的科学问题的书;(2)关于可以作为青年们的学习榜样的那些人物的生活和斗争事迹的书;(3)关于人(特别是儿童、少年、男女青年)的心灵的书(即心理学方面的书)。这无非是让教师们养成爱读书的习惯。"腹有诗书气自华",读书是人一生当中最应该养成的一种重要习惯。一个致力于教育事业的人有了读书的习惯,树立了终身学习的意识,才会不断充实自我、完善自我,才能走得更远!

教师读书持续走低令人堪忧。2007 年 6 月 27 日,北京市海淀区教育科学研究所公布了在全区范围内进行的一项教师阅读状况调查。"目前,有半数以上教师每天阅读时间不足半小时,平均每人每年读书不到七本。"

此次调查选取了小学、初中80所不同类型学校、每校选12－14位教师共1011人(其中男教师167人,占16.5％,女教师为844人,占总人数的83.5％),她认为:调查结果不容乐观。统计表明,教师阅读时间明显不足。有53.5％的教师平均每天阅读时间不足半小时,教师每周能利用业余时间进行1小时阅读的占15.4％,每周阅读时间为2－3小时的教师占33％,每周阅读时间在4－5小时的教师占19.2％,每周阅读时间超过5小时的教师占27.3％,另有5.1％的教师几乎没有时间阅读。对于教师职业而言,这样的阅读时间是难以满足知识更新需要的。这种现状绝不仅仅是海淀区的特例,可以肯定地说,在全国范围内是具有代表性的。

只有通过多读书、读好书,才能不断丰富自己的大脑,提高自己的文化底蕴,才能使自己的知识不断更新,在教学上才会有创新,才会有灵感,才能做一个学生喜欢的老师。吴非教授说,教师读书是关系到教育成败的大事。教师不读书,就没有教育思想,就没有教育信念,就没有教育思考,就没有教育智慧,就没有教育活力,就没有教育创新,一句话,就没有教育生命。教师是天生的职业学习者,是天生的职业读书人。教师只有活到老、学到老,才能一辈子"站直了"教书。

我国著名教育专家朱永新教授在2003年全国"两会"期间,提出一个设立过"读书节",受到两会代表的广泛关注。他倡导教师必须读"一百本书"的目标,他说:假如,我们的教师都有一些值得一读的好书;假如,我们的教师利用一切可以利用的时间和精力,为丰富自己而不断地读书;假如,我们的教师能够把读书看成是提高生命质量的途径;假如,我们的教师能够边读书,边思考,那么,我们的教师生活就充实了,精神就丰满了,心灵就净化了,生命就有价值了,人生就有意义了。

二、乐于反思

真正的学习并不是一个人关起门来苦读,或如古人那样需要悬梁刺股读死书和死读书。真正的学习应该学会借助于有效的表达和倾听,他能很好地表达自己的想法,并以开放的心态容纳别人的想法。他经常会自问和反思"为什么",理性的分析并得出结论,然后他会和别人充分地交流,并对于不同于自己的观点报宽容和尊重的态度。

做有思想的教师,要求教师经常反省自己。美国心理学家波斯纳曾提出教师的成长公式是"经验+反思=成长";我国著名心理学家林崇德也提出"优秀教师=教学过程+反思"的成长公式。

什么是反思?有一位老师诠释得非常好:同样两个大学毕业生分到学校工作,同样兢兢业业地上班;三年后,其中一个无甚进步,最多就是所教学生考上了高一级学校,而另一位教师却硕果累累,什么原因呢?原因就在于,前者每一天的兢兢业业都是盲目而麻木地工作,他表面上工作了三年,其实只工作了一天,因为他每天都在重复昨天的故事,而后者则的的确确工作了三年,他每一天都带着一颗思考的大脑在工作。这就是我说的反思型教师。所谓反思,不仅仅是"想",而是一种教育的状态,就是不断调整、改进、提升自己教育品质的行为。具体地说,即"四个不停":不停地实践,不停地阅读,不停地思考,不停地创新。

三、积极实践

随着科学技术的迅猛发展,知识经济出现,人们对知识的认识发生了根本性的变化,传统的知识概念和知识观已不能适应知识经济发展的需要。1996 年,世界经济与合作组织(OECD)在《知识为基础的经济》报告中,把知识分为四种类型:知道是什么的知识,即关于事实方面的知识;知道为什么的知识,即关于自然原理和规律的知识;知道怎样做的知识,即关于做事情的技巧、诀窍等方面的知识;知道是谁的知识,即关于谁知道和谁知道做某些事的信息。这四种类型的知识按照个体素质结构由表及里可分为四个层次,第一层,信息性知识,即事实性和陈述性知识,主要回答"是什么"的问题;第二层,思想方法性知识,是解决问题的思想和方法;第三层,经验性知识,是亲身经历或体验到的经验性知识;第四层,是技能,是在反复的实践中形成的技能,是能达到自动化程度的知识。由此可知,当今时代知识概念的内涵与外延大大地丰富和拓展了,传统的满足于事实性知识和陈述性知识的学习方法,满足于课堂和课本的学习方式,已经远远不能适应时代的要求,新的知识结构的构建需要更为广阔的空间和多样的途径,而实践能为教师学习知识提供背景和条件。

教师在教育教学实践中可以培养具有敏锐感受、准确判断生成和变动过程中可能出现的新问题的能力;具有把握教育时机、转化教育矛盾和冲突的能力;具有根据对象实际和面临的情境及时作出决策和选择、调节教育行为能力。每位教师都必须具备自我发展、自我完善的能力,不断地提高自我素质,不断地接受新知识和新技术,不断更新自己的教育观念、专业知识和能力结构,以使自己的教育观念、知识体系和教学方法等跟上时代的变化,提高自己对教育和学科最新发展的了解。教师自己也需要端正态度,不断进行学习,更新自己的知识体系,培养自己各方面的能力。

通过积极参加社会实践,可以了解许多知识发生、发展及应用的过程及条件,加深对间接知识的理解和把握。而直接经验和知识的获得是需要通过人自己的感观对客观外界的感觉直接得到的,这个过程就是实践活动的过程。实践是教师完善知识结构的主要步骤。我们知道一般人的学习主要学习两类知识即间接知识和直接知识,而通过书本学的间接知识,即是已有的、是概括的系统化了的知识。这类知识是前人在反复实践的基础上获得的认识成果的结晶,是在实践基础上产生的,要正确地把握和深刻地理解间接知识同样离不开实践,正如毛泽东同志在

《实践论》中指出的那样："强调理论对于实践的依赖关系，理论的基础是实践，又转过来为实践服务。判定认识或理论之是否正确，不是依主观上觉得如何而定，而是依客观上社会实践的结果如何而定。"

学会学习无疑是艰苦的，也是快乐的。因为学习使人自强，让人发展，教人创新。教师要务实求真，成为热爱学习、学会学习和终身学习的楷模。并将所学知识充分应用于教学实践，以人为本，尊重学生个性，引导和启发学生自主学习，鼓励学生学会思考，学会自我增长和应用知识，学会怀疑和创新，"学然后知不足，教然后知困"。教学过程既是教师教育学生的过程，也是教师自我教育的过程，教师在教与学之间循环发展。

王国维在《人间词话》中形象概括出的治学三境界："古今之成大事业、大学问者，必经过三种之境界：'昨夜西风凋碧树，独上高楼，望尽天涯路。''衣带渐宽终不悔，为伊消得人憔悴。''众里寻他千百度，蓦然回首，那人却在灯火阑珊处。'"

教师在开始进行教学时就要具备对教育事业的执着之心，要站得高，看得远，立志高远。要甘于寂寞吃苦，不怕任何艰难险阻，准备牺牲自己的一切，无悔无怨、踏踏实实地努力实践，一步一个脚印地前进。最后才能达到通过自己不懈地努力，通过大量的自主学习，不断积累、碰撞、总结、反思，最终成为优秀教师的成长发展之道路，并成为教育家。

俗话说："学无止境"，"一山还有一山高"，"活到老，学到老"。随着信息时代的到来，知识更新急剧加快，教师作为知识的传承者，如果自身不进行不断的知识更新，就无法完成这一使命。终身学习是21世纪的生存概念，对教师这一职业而言尤其如此，教书育人者比任何人都更需要跟上时代的发展，教师应成为终身学习的实践者和楷模。同样教师自身的教育也应该是没有终点的。教师作为社会终身教育体系的重要人力资源，其群体素质和能力直接关系到教育的质量。除有计划的在职培训以外，教师在品格、业务、教学方法等方面的终身学习，需要依靠教师的自觉意识来维持。

"德高为范"，教师的品格也应该是一个日臻完善的过程，挖掘发现身边的真善美，在日常的人际交往过程中，对同事、领导、学生，约束和规范自己的言行举止，培养自己高尚的情趣，努力做一个"为人师表"的楷模。这种德行的培养，是不断修正、改善、终身学习的过程。

教育科研能力是21世纪教师必须具备的一种能力。教师只有在从事教育工作的同时，对教育进行研究，他才不会是一支燃烧之后便什么也没有的蜡烛，而会成为在人类历史长河中永远闪亮的恒星。从教育史可以了解到，教育家最初也是一名普通的教师、一名普通的教育工作者。他们与一般教师的区别是在培养、教育学生的同时研究教育。于是在教育的过程中自己获得发展，最终成为教育家。

教师只有具备较高的教学能力，才能适应素质教育要求。现代教育要求教师以现代教学思想为指导，掌握所教学科的知识结构、能力结构，教学中调动学生主体积极性，师生互动，培养学生的创造性素质，而且要善于总结自己的教学，不断提高教学水平。

学生是教育对象，不了解学生现状、发展及个性情况，教育教学就没有针对性，教师既要研究学生群体又要研究学生个体，既要研究学生现状又要研究学生发展。

业务水平的提高，并不是墨守成规，并不是老三套，而是在长年的教学实践中找出自身教学的优缺点并及时加以总结反思。教学新理念新思维需要不断地吸收，新的学科知识需要不断地积累，高效的教学方法需要养成，这些都需要不断地通过继续教育，通过进修，向周围的同事学习，向学生学习。只有这样才能跟上日新月异的时代变化。

为自己订一个终身学习的计划，给自己规定去补充哪些知识，为自己反思每一天的生活，让自己成为一个合格并优秀的教师。

第十一讲　远离疲劳和忧虑

第一节　新世纪中小学教师
良好的心理素质

　　教师心理素质是一个既古老又在当前极为迫切的问题。教师心理素质作为教师素质的有机组成部分，在古代就已经受到重视。如我国古代教育家孔子、孟子、韩愈、朱熹等人就提出过大量这方面的见解。而社会在发展，时代在进步，人类的教育活动也在不断进步和发展，这必将对包括教师心理素质在内的教师素质提出更多更新的要求。我国自改革开放以来，对教师心理素质的研究日益引起人们的关注，我国著名心理学家潘菽在 1980 年主编的《教育心理学》的"教师心理"专章中专门探讨了教师的基本心理品质及其形成与作用，其后至今，人们从教育心理学、教育社会心理学、教育学、教育社会学、教育病理学等多学科视角出发，对教师心理素质展开了广泛而深入的探讨，这个问题也引起了广大教育工作者、家长、社会各界人士的广泛关注。目前，人类已迈入了 21 世纪，本文拟在新世纪的时代背景下，根据以往人们的研究，尝试探讨新世纪对教师心理素质提出的挑战、教师心理素质的基本内涵和组成，以及教师良好心理素质的教育效应，以期使人们对这一问题在新世纪的时代背景下获得一个概括性的认识。

　　新世纪教师心理素质面临着挑战。

　　我们认为，教师心理素质是教师整体素质的有机组成部分，当前教师素质面临的挑战，无疑也直接或间接是教师心理素质面临的挑战。对此,自 20 世纪 90 年代中期以来,人们已从不同视角出发进行了探讨。如有人从全球信息化浪潮出发,指出:"信息社会信息化人才的培养有赖于教育的信息化。教育信息化需要新型的教师。"有人从现代教师角色特点出发,提出现代教师在社会舞台上所扮演角色与所承担职能多重化,必然对教师素质提出新的更高的要求。有人分析了影响中小学教师素质的主要因素,并在此基础上探讨了中小学教师职业素质的内涵。有人从新时期对人才素质及素质教育的客观要求出发,论述了教师必须具备的与之相适应的基本素质,以及提高教师素质的途径。尤其是我国学者张人杰教授从教育系统外部变迁(远位变量)和教育系统内部变迁(近位变量)两个维度,对中小学教师必备素质面临的主要挑战作了立体审视,使人们对中小学教师必备素质在世纪之交面临的挑战有了比较全面而清醒的认识。我们认为,当前我国教师面临的挑战是多方面、多层次而复杂的,这些挑战有的来自教育系统内外部长期存在的种种问题与困境,有的则来自教育系统内外部变迁所带来的新的问题与要求,这主要表现在三个层面:

首先,当代中国社会正面临着日益加快的世界全球化进程所带来的挑战。关于全球化及其已经或即将给人们带来的挑战,正吸引着各方面的关注,人们的认识也众说纷纭。欧洲委员会对全球化有一个经典的定义:"全球化可以界定为由于商品和服务的流动,也由于资本和技术的流动,而导致的各国市场和生产相互依赖程度日益提高的过程。"这一界定显然揭示的是经济活动的全球化这一全球化最首要的特征。我国有人将全球化概括为四大特征,即:以跨国公司为主导的经济全球化、交通与通信的全球化、政治的多极化、文化的多极化。加拿大学者大卫·杰弗里·史密斯则强调:"当今全球化现象最显著的特征,并非其单一性,而是其全球互联的本质的复杂性和不可预测性。"但不论人们对全球化持有何种认识,有一点则是大多数人趋于一致的,那就是"全球化正对人类产生深远的影响,有些影响十分积极,有些则导致险象环生,让人不寒而栗"。积极的影响,如在全球化过程中"因为有了新的信息和通信技术,世界各地的人民正以前所未有的方式相互面对着。——互联网可以充当潜在的、新型的人类交往的象征,有望让那些古老的、使得世界各族人民长期相互隔绝、相互猜忌的恐惧和偏见逐渐腐蚀掉"。消极的影响,如"昔日那一系列帝国主义的思维和行为方式,正以新的面目和姿态延续到当代,并得到世界上众多国家的效法和支持。那套方式导致的结果往往是自然环境的破坏、地方身份的毁灭、贫富差异的拉大。于是,这种形式的全球化可能会埋下新式的人类灾难的种子"。作为一种合乎逻辑的认识,教师及其所从事的教育活动将会直接或间接地受到全球化带来的上述种种影响的挑战,诸如在全球化过程中市场对教育的控制与反控制、教师地位与角色的重新确认、教育教学过程的重新审视等等。总之,全球化"给教师提出了独特的挑战,因为教师正处于旧秩序的逻辑和新秩序的要求之间。正是对新秩序可能有哪些要求进行的论争决定着不仅是教师的生活,而且是广大普通公民生活中的张力"。

其次,当代中国不仅面临着全球化的挑战,更面临着自身社会转型过程中诸多二难困境的挑战。由于各种原因,中国现代化的历程至今以及在将来较长一段时期均只能在多重二难困境中推进,这些困境包括:"经济方面,发展经济与资源和环境的矛盾问题,经济增长与分配不公和收入差距扩大等问题;政治方面,强化中央调控能力与扩大地方和单位自主权及社会中介组织发展的关系,社会政治稳定和大众参与民主自由的关系等问题;社会方面,社会的分化与整合,社会资源分配与利益调整,社会失范与规范的问题;文化方面,传统与现代,中与西,冲突与融合,汲取与扬弃,继承与创新等诸多矛盾问题。"

上述困境必将给我国教育事业和广大教师构成诸多挑战。积极的一面是,社会发展与进步了,对教育的需求更大了,对教师素质的要求也更高了,这给教师素质的提高带来了新的机遇。不利的一面是,长期困扰我国教师的一些问题仍会存在,比如,我国学者张人杰教授在探讨教师素质时高度关注的教师社会地位与教师队伍稳定问题,时至今日不能说得到了很好的解决,在某些地方仍很严重。据报道,"我国大范围的拖欠教师工资已经持续了近 10 个年头,教育部的统计表明,至去年 4 月,全国除北京、上海、天津、浙江、西藏 5 个地区外,其余 26 个省、自治区、直辖市都存在着拖欠教师工资现象,累计拖欠额 135.65 亿元"。从这两则材料不难看出当前我国教师地位仍然存在的问题。可以预见,在当前我国社会在由传统向现代的转型尚处于攻坚阶段,社会主义市场经济体系及相应的政治体制改革、文化建设尚未完善之前,包括教师地位问题在内的各种对教师的不利社会挑战仍会长期存在。

再次,就当前我国教育系统内部而言,教师当前面临的问题与挑战也是复杂而多样的。除了张人杰教授曾经探讨过的教育内部最首要的挑战即"对跨世纪社会所需要的新人之要求",我们认为比较突出的还有教师本身的素质问题、教育竞争问题、学生学业失败问题、师生关系、教育管理、学校教育转轨等方面不同层次的问题与挑战。这些挑战的存在既与前述教育系统外部环境因素有关,也与教育系统内部长期以来的运转机制有关。以当前日益引起人们关注的教师心理健康素质问题而言,有人指出:"由于社会转型的剧烈变化带来的从价值观念到行为方式、人际关系的一系列变化,升学竞争导致的教师教学重负,以及缺乏教师(含师范生)心理教育和辅导制度等原因,当代教师出现心理健康问题和心理疾病的机率较大。"

第二节　教师心理素质的基本内涵与构成

如前所述，自改革开放以来，人们对教师心理素质日渐重视，作了大量研究，这里，拟将人们对教师心理素质的基本内涵与构成的认识作一勾勒。

人们对素质与心理素质的基本内涵作了探讨，可以说得出了较为明确的认识。我国著名心理学家燕国材教授认为，素质可定义为："人们生理的心理的与社会的一系列特点的综合。"认为素质包括三大类：自然素质、心理素质、社会素质。其中心理素质可分为智力素质与非智力素质两大类；智力素质主要包括观察力、记忆力、想象力、思维力、注意力等，非智力素质主要包括动机、兴趣、情感、意志与性格等内容。他还认为，在某种意义上，"社会素质归根结底也就是心理素质"等等。

这些认识应该说代表了目前人们对这一问题的主要看法。也有人指出了目前对心理素质认识的三种不同的倾向："其一是扩大、泛化趋势，即将人的整体素质仅分为身心两种，将除生理素质以外的一切因素统统归之于心理素质这一概念的范畴之中。""其二是，将心理素质狭义化，即将某一具体内容的心理教育等同于系统、全面的心理教育。""其三是，视心理素质为所有心理现象所具有的水平、层次和质量。"认为对心理素质的界定要"避免泛化或片面化"、"必须具有可操作性"、"应兼顾社会对人的心理方面的现实要求"。据此，作者认为"心理素质是一个人的性格品质、心理能力、心理动力、心理健康状况及心因性行为的水平或质量的综合体现"。

基于上述认识，我们发现，目前人们对教师心理素质的探讨也存在几种不同的层次：

第一，广义的理解。

不可否认，对心理素质的广义理解也有其合理性。如有人从教育生态学的视角出发，认为心理素质与心态是教育生态的一种十分重要的内在环境条件。它建立在人的生理发展的基础上，又是各种外部环境条件的反映。它与教育的相互关系更为直接，更为密切。提出心理素质包括：(1)智慧、智力与智能；(2)群性、群育与群化；(3)德性、道德行为与自制力；(4)情绪与性格等。对教师心理素质广义的理解，往往是将社会素质也纳入考查范围，但侧重从心理素质的角度出发进行阐释。

如唐讯主编的《现代教师心理素质》一书，将教师心理素质界定为："教师在从事教育实践中生成和积淀的文化素养、教育才能和人格品质的合金。"

第二，中义的理解。

一般倾向于以心理学研究为基础，将心理素质与社会素质相对区分开来。目前，这方面最权威的界定是我国著名心理学家林崇德教授提出的，他认为："所谓教师素质，就是教师在教育活动中表现出来的，决定其教育教学效果、对学生身心发展有直接而显著影响的心理品质的总和。""教师素质在结构上，至少应包括以下成分：职业理想、知识水平、教育观念、教学监控能力以及教学行为与策略。"由于侧重点或表述的不同，这一层次的认识还有，如心理学前辈潘菽强调教师心理品质主要包括教师的兴趣、教师的情感、教师的意志、教师的教育能力；有人在探讨师范生的心理素质时提出："师范生心理素质包括六个维度：人格特征、心理健康水平、元认知、认知方式、智力水平、教育实践性知识。"这一认识亦可借用来理解教师心理素质。

第三，狭义的理解。

即将教师心理素质中智力素质与非智力素质做相对区分，特用心理素质指称非智力素质或突出心理素质的个性成分。如有人认为教师素质主要包括政治素质、品德素质、心理素质与业务素质,其中心理素质主要指活泼乐观、自控、宽容等个性品质;又如有人在探讨教师素质时,将能力素质与心理素质相区分,认为能力主要指"教育教学方面的能力,如表达能力、教育能力、组织管理能力等,以及较强的社会适应能力、创新探索能力、综合能力、社交能力等等"。而"心理素质主要指良好的个性心理素质:敏锐的观察力、丰富的想象力、灵活的思维力、坚强的意志力、丰富而健康的情感、开放的性格等"。并视二者与思想品德、科学文化、身体等素质共同构成教师整体素质。

值得注意的是,目前人们对教师心理素质的研究既注意其整体结构与组成的分析,更注重对某一方面心理素质内涵与结构的分析。如有人探讨了教师人格的内涵,认为教师完美人格的内涵主要包括:良好的性格特征、和谐的人际关系和较强的协调能力、有力的自我调控系统、高度的创新意识和实践能力、不断的学习能力等。

可以说,目前人们对教师心理素质的研究已在各层次上深入展开,除上述外,如教师职业信念、教师教学监控能力、教师教育观念、教师心理健康、教师行为特征等等的研究无一不与教师心理素质有关,这些研究必将更丰富人们对教师心理素质内涵与结构的认识。

第三节　教师良好心理素质的教育效应

大量的心理学研究与人们的教育教学实践经验表明,教师良好心理素质具有巨大的教育效应。这里仅侧重教师非智力心理素质的教育效应介绍一些相关的内容:

韩进之等研究指出:"国内外的大量研究证明,教师的个性品质是影响教育、教学的重要因素。概括来说,这种影响主要表现在两个方面:

（1）教师的个性品质影响着学生个性的发展。具有良好个性品质的教师是学生效仿的楷模，而学生的个性品质又是影响学生学习的重要变量。

（2）教师的个性品质影响着学生智力的发展，影响学生的学习成绩。在教学过程中，教师良好的个性品质有利于创设浓郁活跃的课堂气氛，从而大大提高教学效果。"

洪舜仁分析了动机、兴趣、情感、意志、个性等教师非智力因素对教书育人的影响，指出："据国内外教育家研究发现：一个教师的知识水平在达到必要的程度之后，再进一步提高，其对学生的影响并不显著，而教师的人格品质、个性因素等非智力因素对学生的影响却越来越大，常常显示出很强的正相关性。"钱春旭探讨了教师良好个性品质在课堂教学应变中的效能，认为"教师在课堂应急状态下能否主宰自己，把握形势，驾御对方，迅速制定出应变良策，直接受其心理素质的影响"。认为教师具备意志力、思维力、自信心、容忍度等心理品质，"才能在课堂上集中一切智能力量，使思维大胆活跃、灵活转向，突破固定程度，敏感地抓住应变时机，迅速透视课堂矛盾问题的实质，采取正确而有效的应变良策"。

武建时等通过调查研究了教育中的情感效能，发现优秀学生的师生关系更为融洽，他们喜欢教师主要是由于教师对学生尊重和爱护以及教师的整体人格如"关心学生、平易近人""态度和蔼、作风民主""与学生相处融洽""友谊深厚""客观公正、尊重人"等，而这些对于激发学生的学习动机、形成良好学习心境、增强信赖感、增进师生关系起了积极的作用。

曹钊俊总结教学实践经验，指出教师必须加强自我修养，具备良好的健康心理素质、正确的学生观和教学观、自我心理调节能力、基本的职业个性品质等，才能通过遵循有关原则（和谐原则、民主原则、兴趣原则、成功原则、探究原则），优化课堂心理环境，最终产生良好的教育心理效应。这些效应是：保护和增强学生的自尊心，调动学生学习的积极性、主动性;培养学生的民主和参与意识,养成自主学习和虚心学习的好习惯;激发学习兴趣,强化求知欲望,促进积极思维,培养探索精神;促进学生树立自信心,激发学生自强进取,增强学习毅力;提高探究和动手能力,培养认真严谨品质,树立合作创新意识等。

骆伯魏分析了教师健康心理素质的重要意义,认为心理健康有助于提高教师基本素质及教育工作的有效性;有助于提高教师的影响力;有助于提高教师的创新精神等等。

上述研究从不同层次与角度有力地表明了教师良好心理素质所具有的巨大教育效应。值得注意的是,当前教育实际中由于教师心理素质的欠缺而造成的问题与损害,从反面也说明了教师心理素质的重要性。如王祥珍、刘枧在分析当前备受关注的教师暴力行为的成因时指出,当前教师暴力行为的一个重要原因就是教师心理素质的欠缺,尤其是教师心理健康问题的影响。

总之,不论是出于应对当前教师面对的各种巨大挑战,还是为了更好地发挥其教育效应,教师心理素质在当前应给以高度重视。值得注意的是,张人杰教授在 20 世纪 80 年代中期从师资培养的角度曾触及这一问题,明示"师资培养中的最大缺陷是忽视人际关系和心理素质","总的来说教育学家和心理学家关于教师必备的人格特征今天尚未明确地界说",并颇具远见地指出:"同其他的战略相比,强调师资培养中应改变人际关系和心理素质被忽视的情况,这一战略虽说在国际社会中的影响现时还不很大,但它对改进师资培养的重要性可能将会日益得到承认。"我们认为,时至今日,这一问题显然更为迫切。我国教育部 1999 年在关于加强中小学心理健康教育的基本意见中指出:"搞好师资队伍的建设,提高广大教师的心理健康水平,是保障心理健康教育正常、健康开展的重要条件。"

第十二讲　时刻归零

第一节　教师心理自我调适的方法

从目前国内外对教师心理健康现状的调查研究结果看,许多教师都存在着不同程度的心理问题,如紧张、焦虑、抑郁等,这种状况必须引起我们的高度重视。提高教师的心理健康水平和心理素质,教师必须进行心理自我调适,这样才能达到我们的目的。教师心理自我调适的方法有以下几种。

（一）主动宣泄法

随着教育的社会化功能的增强,教师担负的角色日趋复杂,他们不仅要面对繁重的教育教学工作,还要面对社会大众、学生家长的期望与干预。另外,由于知识更新的速度加快,教学改革的力度加大,教师必须不断地学习才能适应时代的要求。面对各种压力,学会辩证地看待问题,及时进行自我调节,让郁积在心里的不快得到释放、宣泄,是保证心理健康的一种很好的方法。

1. 倾诉。这是最佳的宣泄法。即找一个值得信赖的人（父母、老师、朋友等）,将心中的想法、内心的苦闷,甚至是难以启齿的秘密统统讲出来,以缓解精神压力。与此同时,来自家人、朋友的理解、关怀会成为一种情感上的支持,让人备感欣慰,看到生活的积极面,以积极的态度面对人生。

2. 大声朗读。这是一种直抒胸臆的宣泄,显示出你的勇气,你的气概。如:你可以根据兴趣、爱好选择一些优美的文章,或气势磅礴,或委婉动人。通过大声朗读,使自己陶醉其中,达到浑然忘我的境界,从而使烦恼在你感受美好的同时慢慢远离自己。

3. 游戏或运动。运用电子游戏这种间接的手段可以使过分压抑的心境得到发泄。如打沙袋、拳击等,这类运动会使人觉得趣味盎然,兴奋不已。

(二)情绪放松法

教师产生心理问题的原因,主要是紧张、焦虑等情绪造成的,而紧张、焦虑又是由各种各样的压力引起的。心理学的研究表明:高压力的工作会降低工作效率,影响身心健康,影响个人的发展;而无压力的工作使人觉得单调乏味,兴趣索然,同样会降低工作效率;适度的焦虑对于提高工作效率有着良好的推动作用。在日常生活中,当各种压力与焦虑对人产生不良影响和降低工作效能时,必须加以调适。教师可以采取以下方法来调节自己:

1. 调息放松。调息放松法,也称深呼吸放松法。此法的关键是将胸呼吸(由于紧张,使吸入的新鲜空气最多只到达胸部便被呼出)变成腹式慢呼吸(尽量向内更多地吸入空气,再轻轻地、慢慢地将气呼出)。此法可促使血液循环正常,让紧张心理得以缓解,降低个体对焦虑的易感度。

2. 想象放松。想象放松是通过对一些安宁、舒缓、愉悦的情景的想象以达到身心放松的目的。此法要求尽量运用各种感官,观其形、听其声、嗅其味,恰如身临其境。运用此法一般应在饭后或睡前进行,先使身体或坐或卧保持一种舒适的状态,然后集中注意力尽可能逼真地去想象一些舒适松弛的场景。

3. 肌肉放松。肌肉放松是一种深度放松。此法的要点是先紧张后放松,在感受紧张之后再充分地体验放松的效果。从操作上来说,肌肉放松法一般是从头到脚,依次分别进行。如做面部整体放松:把眉毛往上拉,眼睛尽量睁大,嘴角尽力后拉,牙齿尽量咬紧,保持10秒钟,然后放松。对每一部分的肌肉,都要充分去体会紧张之后再放松的舒适感觉。

(三)注意转移法

所谓注意转移法就是采取迂回的办法把自己的注意力、情感和精力转移到其他活动上去,使消极的情绪在蔓延之前就被一些因素干扰,不再恶化,朝着良性方面发展。过于强烈的消极刺激都与当时的情境密切相关,只要善于脱离不利的情境,对于情绪的控制就变得相对容易。

当教师与学生产生矛盾冲突时,教师首先应该冷静,明确自己的身份和职责,不在气头上说过头话,做过头事,而应转移注意力,待冷静之后再作处理。以上方法的一个共同点是能让矛盾暂时得到缓解,直到双方冷静后再做处理就不容易激化矛盾,就有利于问题的解决。给教师情绪带来影响的除教育上的因素外还有大量非教育因素,如疾病、家庭中意外事故、人际关系等。对于不良情绪的干扰作用,教师应尽量地克制,不迁怒于别人尤其是学生,应迅速地把注意力转入对学生的教育工作中去,以工作中取得的成绩所带来的成就感来减轻内心的痛苦,心情会自然而然地改变。若把烦恼忧郁埋藏在心底,只会使自己郁郁寡欢,一蹶不振,不仅影响工作,更重要的是不利于学生良好个性的形成。教师在心情不好时,可以阅读书籍、散步、听音乐,也可以做家务、去市场购物,从中体验乐趣,进而淡化烦恼直至消除烦恼。

(四)自我暗示法

自我暗示是一个心理学概念。它是运用内部语言或书面语言的形式来进行自我调节情绪的方法。积极的自我暗示有一种神奇的力量,可以启动和控制潜意识能量,调动非智力因素,以此来调整心态,补充精神动力,坚定成功信念,进而自觉地努力,以达到主体追求的效果。而消极的自我暗示会使人陷入低落的情绪之中,久而久之,潜意识的东西就会逐渐上升到意识层面,将个体引入消极的生活状态中,不能自拔。教师的言行举止具有很强的示范性,他们良好的心理状态会让学生看到希望,增强自信。

因此,积极的自我暗示对教师来讲是非常必要的。教师进行积极的自我暗示可以从以下几方面进行:

1. 调整自己。教师的工作性质决定了其在工作中要协调各种关系,并成为多种角色的扮演者。在这一过程中,会产生多种矛盾冲突,使教师激动不安、烦恼抑郁、心情沮丧,影响身心健康。这就需要教师学会调整自己。当自认为受到他人的轻视,个人感到无价值时,应暗示自己:他这样说有什么证据?对这件事有无其他解释?我应努力证实自己,让他消除这种认识;当自己认为受到他人的误会,个人感到委屈时,可以暗示自己:我为什么不找他谈谈呢?也许他不是故意的;当受到他人的流言蜚语时,应暗示自己:谣言止于智者,事实胜于雄辩,群众的眼睛是雪亮的;当有多项任务造成巨大压力,以至个人感到无所适从时,可以暗示自己:一步一步去做、一件一件去做,事情总会有结果;当遇到失败,结果无法挽回时,可以对自己说:这不是最后一次,我可以重新开始。

2. 肯定自己。平时不要一味地批评自己,要经常用积极的言语评价自己、肯定自己,并通过活动正面表现自己,使自己脱颖而出,获取社会正面评价。特别是在遇到困难时,要勇于正视它,善于自我激励:别人能行,我也一定能行;我的优势还是很多的;坚持下去就一定会成功。

(五)积极认知法

所谓认知就是我们看待事物的方式,它包括一个人的思想观点、阐述事物的思维方式、评价是非的标准、对人对事的基本信念等。积极健康的认知是指个体的认识与客观事实相符,不歪曲事实。一般来说,消极情绪是由消极的思想决定的,当我们用否定的、悲观的思想看问题时,就会感到非常沮丧、失意与消沉。通过改变认知可以改变我们的消极情绪。生活中我们注意到,拥有积极健康认知的教师总是在看到事物不利方面的同时,更能看到有利的方面,从而精神饱满,信心十足。而持消极认知的教师看问题的不利方面更多些,强调困难更多些,把这种不良情绪带到工作中,将会影响教育教学效果。

教师要想拥有健康的认知,应做到以下几点:

1. 热爱教育事业。全面客观地对待自己所从事的教育事业,热爱它并且充满信心。要认识到虽然教育的工作繁杂、琐碎,不易出成果,但应干一行钻一行,行行可以出状元。带着这样的情绪从事教学工作,教师就会全身心地投入到教学中,学生的士气就会高涨,从而达到良好的师生互动,教学相长。

2. 正确认识自己。正确认识自己,接受自己,维护自己,提高自己,并在此基础上形成积极正确的自我观念,摆正位置,扬长避短,不好高骛远,不给自己提出不现实的目标。

3. 正确认识别人。经常进行换位思考,站在别人的立场上考虑问题,多想别人的长处和优点,避免认知偏差。

第二节　教师应具有的良好心理素质

教师必须具备良好的心理素质。大家常说教师是"人类灵魂的工程师",的确,在人类社会的发展进程中教师起着不可替代的作用。作为教师,用语言播种,用笔墨耕耘,用汗水浇灌,用心血育人,可以说,教师工作的最大特点在于灵魂对灵魂的塑造,如果教师自身的心理不健康,人格有障碍,将会给学生未来的身心发展造成极为不利的影响。教师作为现代社会中的一员,心理状态或多或少受到社会各种思潮的影响,特别是市场经济的变革,使教师传统的人生观、价值观不断面临新的挑战,同时也影响着教师的角色期望和职业态度。我认为,作为一名优秀的人民教师必须具备以下良好的心理素质。

一要具备良好的思想品质。良好的思想品质是衡量一名教师是否合格的重要表现之一。教师做的就是教书育人的工作,其劳动具有周期长、见效慢、艰巨复杂等特点,这就决定了教师必须具有良好的思想品质。俗话说"打铁还需自身硬",教师作为"人类灵魂的工程师",首先就是要具备高尚的思想品质,只有这样才能更好地教书育人。

二要时刻稳定自己的情绪。一个教师必须善于控制自己的情绪,保持清醒的理智,以冷静的态度来处理学生的错误。如果教师的情绪不稳定,不仅容易加剧师生关系的紧张和对立,导致教育、教学工作的失败,而且也影响教师自身的心理健康和对教育事业的热情和信心。因此,教师必须善于控制自己的情绪,否则,久而久之,只会令学生敬而远之,恶化师生关系,影响正常教学。

三要对学生心中充满爱。作为一名教师,如果没有对学生的爱就等于没有教育。没有爱,教育是一句空话。爱学生不仅是教师必备的心理素质,更应该成为教育、教学的一个重要的手段和工具。教师热爱学生就是对学生尊重、理解、信任,给他们信心,与他们建立起新型的师生关系。要尊重学生个性,相信学生潜力,师生互相尊重和互相沟通。在与学生交往时,教师要用爱去创造爱的氛围,在爱的氛围中教书育人。当学生在认识和行为上出现问题时,教师要采取"晓之以理,动之以情"的方式进行说服教育,不要动辄对学生进行斥责、讽刺、挖苦,甚至侮辱体罚。只有教师的循循诱导、亲切教诲才能带来学生持久的、心服口服的遵从。

四要具有良好的性格特征。良好的性格特征对教学效果具有重要影响,热情和富有同情心是教师个性特征中对教学具有重要影响的特征。具有这种性格特征的教师,更容易与学生打成一片,形成良好的师生关系,这是教学取得成功的重要因素;而且教师的性格对处在性格形成阶段的学生来说影响极大,这是影响学生性格形成的无法取代的教育因素。同时,教师优良的性格品质也能促使优秀教师所需要的能力的形成和发展,对增进教师的心理健康也大有裨益。因此,教师应克服各种不利因素的影响,自觉地进行自我修养,塑造自己的性格。

教师肩负着培养下一代的重任,必须具备良好的心理素质。教师和学生朝夕相处,一举一动都影响和感染着学生。一个心理不健康的教师,哪怕知识再渊博,也绝不是称职的教师。目前,教师心理不健康的现象还在许多学校不同程度地存在着。有的教师情绪波动很大,工作热情和对学生的态度随自己的情绪变化而变化,遇到不顺心的事情,往往拿学生作出气筒;有的教师心胸狭窄,处理不好与同事、学生的关系;……凡此种种,不一而足。特别是,青年教师中有许多人是独生子女,他们在长辈的百般呵护下长大,缺乏必要的磨炼,容易产生心理偏差。只有心理健康的教师才能教出心理健康的学生。教师的心理素质不仅是他们个人的事,而且是一种教育要素,它属于祖国的教育事业,也属于千百万成长中的青少年学生。教师要站在这样的高度来审视和提高自身的心理素质。

具体来说,教师应具有以下几方面良好的心理素质:

(1)认知素质。认知素质包括感觉、知觉、记忆、思维、想象等认识结构、智力水平和认知方法。在现代科技迅速发展,社会进入信息化、智能化、国际化的今天,教育工作者对教师提出了新的要求。教师的职责,从只是向学生传授知识变为要教会学生自己学习知识,并加以创新,激励学生真正成长为一个"社会人"。因此,认知素质是新世纪教师必须具备的心理素质之一。

(2)情感素质。热爱学生是教师的天职,爱即师魂。鲁迅先生说:"教师是植根于爱的。学生只有'亲其师'才能'信其道'。""动之以情深于父母,晓之以理细于雨丝",这一情感原则要求我们的教师以母亲般的情怀,全身心地投入到教书育人的工作中去。正缘于此,诸如体罚、变相体罚、辱骂学生等违反师德的言行,决不会在具有健康情感素质的教师身上发生。

热爱生活、热爱事业、热爱学生的教师,自身才可能充实,情感才可能丰富,心理才可能健康。在工作中教师除了具有忘我的态度外,更应充满理智,会全面妥善地处理各种关系,面对现实,脚踏实地,努力去营建一种良好的环境和气氛,充分发挥自己的潜力,尽心尽力地促进学生的健康成长,同时也注意自身的提高和完善。

(3)意志素质。意志素质,是人们自我监督、自我命令、自我激励、自我调节、自我控制的能力。它反映在有意识地调节行动、克服困难、实现预定目标的整个过程中。教师的意志素质,指教师为达到一定的教育目标或目的而迸发出的心理动力和耐力。教育教学工作的复杂性、反复性和长周期性,要求为人之师具有耐心、沉着和坚韧的品质,既有面对难题加以解决的勇气和能力,又有在新形势下,"忠诚党的教育事业"——无怨无悔的毅力和自我控制力。

(4)个性素质。性格是个性素质的核心部分。教师应该保持积极乐观的人生态度、开朗豁达的良好性格、对己对人的宽容精神。教育过程自始至终就是一个人与人之间相互作用、相互影响的过程。教师应用自己的榜样教育学生以自己的性格塑造学生的性格。教师要求学生遵守纪律,不迟到不早退,那么,教师自己家里哪怕发生了天大的事情,也要按时出现在教室里,站在讲台上,其身教的作用不言而喻;教师要求学生诚实守信,勇于自我批评,那么,自己做事情哪怕只是稍有不妥,也敢于面对学生坦然检讨,其威信只增无减。正如孔子所说:"其身正不令而行,其身不正虽令不从。"教师以自己的行为对学生施加影响,在示范中将对学生的心灵产生强烈的震撼,从而形成鲜明感情色彩的意识导向,可见,其性格魅力的影响何等深远。在强调素质教育的今天,良好的性格特征,完善的个性品质,就不仅仅是教师个人的"洁身自好",还是教师使命的内涵,更是时代的呼唤。

能力也是个性素质的组成部分。那么21世纪的中小学教师应具备哪些能力呢?

美国的教育家认为,应着重培养未来教师探讨知识的能力、态度、风格和方法,而不是一味地传播知识。未来教师必须具备下列基本能力:具体感受的能力、思维观察的能力、抽象概括的能力、积极实践的能力。前苏联学者彼得罗夫提出教师必须具备六种能力:教学能力、创造能力、知学能力、表达能力、交际能力、组织能力。日本人认为教师应具备五种能力:富有成效的教学和学习指导能力、对学生强有力的生活指导能力、理解和把握学生心理的能力、教育管理的能力、独立的自修能力。英国对教师能力的要求是比较注重教师的应用技术能力和学习能力。许多国家提出,21世纪的教师必须具有较强的掌握信息的能力和知识更新的能力,也就是说要具有"扩展能力"。所谓"扩展能力"是指非常灵活地适应科学技术和时代迅速变化的综合性能力,主要指信息处理能力(吸取、更新知识的能力)和创新能力(获得新知识、扩充新知识的能力)。随着我国社会主义建设的快速发展,相信这些能力要求同样适用于我们的中小学教师。

世界的竞争是科技的竞争、人才的竞争,这些都对教师的心理素质提出了很高的要求。教师不仅要有良好的政治思想素质、专业素质、各种能力素质,更要具备良好的心理素质。

从教育培养的对象看,教师具备良好的心理素质也是培养人才的迫切需要。长期的应试教育使我国的人才培养重分数或重能力,忽视了对学生进行心理素质的培养。近年来,学生的暴力犯罪逐年上升,特别是网络出现,学生的心理问题日益凸现出来。因此,教师只有具备了良好的心理素质,在实施素质教育过程中才能指导学生在学习上、生活中正确面对、解决各类心理问题,才能培养出德才兼备、有健康体魄、有健全人格的人才。

受多方面因素的影响,一部分教师难以适应今天快速多变的社会。随着经济的发展,信息流通加快,知识更新加速,使得教师的工作节奏加快,心理压力增大。更突出的是,教师从师道尊严的神坛上走下来,学生主体地位的提升,教育体制改革不断深化,竞争日趋激烈,再加上家庭因素的影响,使教师中普遍存在较为严重的心理问题。归结起来主要有以下几种:一是过度焦虑,平时疲劳感明显,食欲不振,注意力困难等;二是抑郁症,一般情绪低落,对自己失去信心,对前途悲观失望;三是精神分裂倾向,思维和感情方面出现不同程度的紊乱,影响语言、思维、感知和自我意识。

中国健康教育研究所徐岫如研究员曾对部分中小学教师进行了调查统计,发现有10％以上的教师患有神经症,而其他职业人群中这个比例平均为2％左右。另据统计,中小学教师中有3％左右有不同程度的心理问题。教师的心理问题直接影响教育教学的正常进行,影响学生的健康成长。过度的焦虑会使教师心烦意乱,导致教学中精神疲乏,处理学生的问题行为,出现过激行动;情绪低沉以至精神呈抑郁症状,会使教师对工作不感兴趣,导致责任心下降,不易接受新事物、新知识、新观念,缺乏创新精神。至于心理障碍和心理疾病,对教育、对学生的危害则会更大。

根据教师心理素质的特点及素质教育对教师的要求,笔者认为,教师良好的心理素质主要体现在以下四个方面:一是崇高的职业道德。这是教育工作的自身特点决定的。因为教师要做到为人师表,他本人就应是道德的榜样。这样,学生才学有楷模、行有仿效、赶有目标,从而形成高尚的道德情操。二是发达的认知能力。包括敏锐的观察力、较强的注意分配能力、巩固的记忆力和丰富的想象力以及思维的创造力。具备了发达的认知能力，才能较全面、深入地了解学生，才能努力做到因材施教。三是要有丰富的情感和广泛的兴趣。教师的情感总是通过教育教学活动来影响学生。丰富的情感是学生综合素质的重要组成部分。教师应培养自己爱国主义情感、理智感和美感，通过行之有效的方式去培养学生的良好情感。同时，教师还要努力培养对教育教学工作的兴趣，这是创造性地完成教育教学工作的重要心理。四要有坚强意志。教师的工作复杂细致而又繁重，工作的对象学生又有很大的个体差异，如果没有坚强的意志就不可能沉着耐心地教育学生，从而很好地完成教学任务。

提高教师心理素质的途径多样。首先，教师要不断学习教育与心理理论，掌握先进的教育教学技术。在实施素质教育过程中，学生的生理和心理都较过去发生了很大的变化，不断地学习教育教学理论，既能更好地把握学生心理特点，有的放矢地解决其心理问题，同时也能正确认识和处理教师自身实践过程中遇到的心理问题。其次，教师要正确对待个人、学生和社会存在，努力保持良好的心理状态。教师的心理问题，一方面来自教育变革中的现实压力，另一方面来自自我认识及家庭问题。面对各种心理压力，教师要以奉献为乐，不患得患失；要调整期望值，提升自我效能。再次，教师要积极参加社会活动，多进行交流，虽然教师每天都要与学生交谈，但由于年龄、阅历、知识等的差异，教师很难与学生获得全面沟通。教师要多参加社会活动，多创设感情宣泄的渠道，把自己在工作中的烦恼、疑问等与人交流，既能增进相互了解、寻求理解，也能宣泄心中的苦恼，保持身心健康。

第十三讲　关注教师的公众形象

第一节　教师的仪表美

仪表指人的外表,包括人的仪态、仪容、服饰、风度等,它是一种形体美、服饰美、发型美、仪容美的全方位展示,仪表端庄体现了一个人的素养、自尊和品位格调,也是对人和周围环境的尊重。

一个人能否成功,关键在于他的心态。成功人士都是一种积极心态,仪表是积极心态的外在表现。正式的、得体的、优雅的仪表能够增加人们自信和积极奋发的、进取的、乐观的心态。对于教师来说,尤其如此。

仪表美是一个综合概念,它应当包括三个层次的含义。其一,仪表美是指人的容貌、形体、体态等的协调优美,如体格健美匀称,五官端正秀丽,身体各部位比例协调,线条优美和谐,这些先天的生理因素,是仪表美的基本条件。其二,仪表美是指经过修饰打扮以及后天环境的影响形成的美。天生丽质这种幸运并不是每个人都能够拥有的,而仪表美却是每个人都可以去追求和创造的,即使天生丽质,也需要用一定的形式去表现。无论一个人的先天条件如何,都可以通过化妆、服饰、外型设计等方式使自己具有仪表美。其三,仪表美是一个人淳朴高尚的内心世界和蓬勃向上的生命活力的外在表现,这是仪表美的本质。真正的仪表美是内在美与外在美的和谐统一。慧于中才能秀于外。一个人如果没有道德、情操,多么好的先天条件,多么精心的打扮,也只能是一种肤浅的美。缺少丰富深刻内涵的美,不可能产生魅力。因此,一个人的仪表美是其内在美的一种自然展现。所以说,仪表美能够给人留下良好的第一印象,仪表美是自尊自爱的需要,也是尊重他人的需要。

对仪表美的总体要求应当是:容貌端正、举止端庄稳重、不卑不亢、态度诚恳、待人亲切、服饰整洁、打扮得体、彬彬有礼。具体要求可概括为以下几点:

1.追求秀外慧中

仪表美必须是内在美与外在美的和谐统一,要有美的仪表,必须从提高个人的内在素质入手。如果没有文明礼貌、文化修养、知识才能这些内在素质基础,那么所有外在的容貌、服饰、打扮、举止都会让人感到矫揉造作,而不会产生美感。

2.强调整体效果

仪表美应当是整体的美,强调的是整体形象效果,柔嫩的皮肤、端正的五官,令人赞叹;修长的身材、优美的线条,让人羡慕;时髦的服装、精美的饰品,更使人增加几分姿色。但仪表美绝不仅仅限于此,仪表美是各方面因素的和谐统一。某一局部的美不等于是仪表美,而且过分突出某一局部的美,会使美变得支离破碎,破坏了整体的和谐。若是追求面面俱到的美,也会使美失去平衡。如果不顾自己的特点去模仿别人,难免会俗不可耐。美是风格,美是和谐,美是设计,仪表美应当是一种独具匠心的和谐的整体美。

3.讲究个人卫生

仪表美还必须讲究个人卫生,在与人交往时必须讲究仪表的修整与清洁。具体应做到:

(1)勤洗澡、勤换衣,男士要经常修面,女士要适度地使用化妆品,保持皮肤的细润、修整。

(2)保持口腔清洁,养成饭后刷牙习惯,防止口臭。

（3）工作前一般不要食用葱、蒜、韭菜等有刺激性气味的食物。

（4）在工作岗位上不要浓妆艳抹和佩戴华贵的饰物，不应在众人面前炫耀自己。

（5）头发要适时梳洗，发型要大方得体，指甲要经常修剪，保持清洁。

敬爱的周总理，青年时代就读的学校天津南开中学是一所具有光荣传统的学校，在天津南开中学教学楼一楼大厅里，迎面矗立着一面大镜子，镜子上面写着"镜铭"，同学们经过这里时，都自觉地对着镜子整理一下自己的仪容。"镜铭"内容是这样的："面必净、发必理、衣必整、纽必结；头容正、肩容平、胸容宽、背容直；气象：勿暴、勿傲、勿怠；颜色：宜和、宜静、宜庄。"

在这40字镜铭中包含了仪容、仪态、性格、气质、形象等内容，正是天津南开中学对学生的高标准、严要求才培养出像周总理这样杰出的人才，国家民族的栋梁！天津南开中学的优良传统、良好作风教育培养了无数合格、优秀毕业生，成为教育战线上的一面旗帜！

北京七十五中学开展礼仪教育，编写了"礼仪四字诀"，要求学生背诵下来，指导自己的言行。

其内容为：

礼貌仪表，至关重要。四字口诀，人人记牢。养成习惯，处处做到：

坐姿端正，两腿莫翘；站立挺拔，收腹立腰；面容洁净，浓妆勿要；服饰大方，得体为好；发型自然，不赶时髦；待人热情，鞠躬问好；说话亲切，面带微笑；态度和蔼，不卑不傲；加强修养，谦恭礼貌；气质高雅，不落俗套；思想向上，目标要高；风度翩翩，人人称道。

七十五中学重视礼仪教育，使学校面貌发生很大变化，在育人的质量上，取得了可喜的成绩。

第二节 教师的礼节美

教师工作的性质决定了它要与学生、家庭、领导、同事及社会公众多方面接触、沟通。在与众多对象接触沟通时,优雅、规范的礼节是展示教师素质、水平、修养的重要体现,看似很平常、很细微的一个礼节、一个动作都可以展示教师的良好形象,若做得不规范、不到位,则会损害教师形象。因为礼节是礼貌的具体表现。

下面就与教师工作有着紧密联系的一些礼节行为作说明与介绍:

它包括:称呼礼、致意礼、握手礼、介绍礼、鞠躬礼。这些礼节的准确、规范展示十分重要,不是会不会的问题,而是做得好不好的问题。

(一)称呼礼

在日常生活中,称呼应当亲切、自然、准确、得体。

要根据对方的身份、地位、职业、年龄、性别以及对方所处的场合的不同而恰当选择称谓。

1.称呼的形式

(1)生活中的称呼

对亲属的称呼。对亲属可根据不同情况采取谦称或敬称。对本人的亲属,应采用谦称。可在其称呼前加"家"字。对他人的亲属,应采用敬称。在称呼之前加"尊"字。

对朋友、熟人的称呼,对任何朋友、熟人都可以用人称代词"你""您"相称。对长辈平辈,可称为"您"。对晚辈,则可称为"你"。对于有身份者、年纪长者,可以以"先生"相称,甚至还可以冠以姓氏,如"王先生""张先生"。对德高望重的年长者、资深者,可将姓氏后加以"老"字或"公"字,如"周老"或"周公"。

(2)工作中的称呼

在工作岗位上,人们彼此之间的称呼应庄重、正式、规范。

职务称呼。这是一种最常见的称呼方法。职务称呼又分为三种情况：

第一种：仅称职务。如："校长""主任"等。

第二种：在职务之前加上姓氏。如："刘总经理"。

第三种：在职务之前加上姓名。这仅适用极其正式的场合。如："刘淇书记"。

职称称呼：

第一种：仅称职称。如："教授""律师"等。

第二种：在职称前加上姓氏。如："冯教授"。

第三种：在职称前加上姓名。

行业称呼。在工作岗位上称呼姓名，一般限于同事、熟人之间。其具体方法有三种：

第一种：直呼姓名。

第二种：只呼其姓，不称其名，但要在它前面加上"老""大""小"。如："小王""老李"。

第三种：只称其名，不呼其姓，通常适于同性之间，尤其是上级称呼下级，长辈称呼晚辈之时。在亲友、同学、邻居之间，也可以使用这种称呼。

社交称呼。在社交场合男士可统称"先生"，女性未婚的可称"小姐"，女性已婚的可称"女士"。

公共场合中对年长者可称"老大爷""老大妈""老先生"等。

2.称呼的禁忌

进行人际交流，在使用称呼时，还应注意以下几个问题：

(1)在较为正式的场合，不应使用亲属类的称呼。

(2)在交往中，不应使用绰号作为称呼，更不应该出现诸如"哥们儿"

"姐们儿"等一类显得庸俗低级的称呼。

（3）对一些特殊的人，如有生理残疾的人，要绝对避免使用带有刺激或蔑视的字眼。

（4）在多人交谈的场合，应遵循先上后下、先长后幼、先女后男、先疏后亲的称呼顺序。

总之，称呼不仅可以成为沟通人际关系的信号和表达情意的手段，同时也体现了一个人对他人的尊重。

（二）致意礼

致意无论是对相识的人还是初次见面者，都是一种表达友好和礼貌最常用的礼节。

1. 致意的形式

（1）点头致意

在公共场合遇到相识的人而相距较远时，与一面之交或不相识的人在社交场合见面时，均应微笑点头向对方致意，以示问候，不应视而不见，不理不睬。施礼时，一般应脱帽。具体做法是：身体要保持正直，两脚跟相靠，双手下垂置于身体两侧或摆放于体前，目视前方，面带微笑，头向前方微低。

（2）欠身致意

欠身是一种表示致敬的举止，多用在被他人介绍，或是主人向客人奉茶等候时。行欠身礼时，应以腰为轴，上体前倾15度即可，行礼时应面带微笑，注视对方，如果是坐着，欠身时只需稍微起立，不必站起来。

（3）举手致意

行举手礼的场合，与行点头礼的场合大致相似，它最适合向距离较远的熟人打招呼。行举手礼的正确做法是：右臂向前上方伸直，右手掌心向着对方，四指并拢，拇指微张，轻轻向左右摆动一两下，不要将手上下摆动,也不要在手部摇摆时用手背朝向对方。

(4)注目致意

注目致意主要用于升国旗、剪彩揭幕、庆典等活动时,行注目礼时,不可戴帽、东张西望、嬉笑喧哗。准确的做法为:身体立正站好,挺胸抬头,双臂自然下垂,放于身体的两侧,表情庄重严肃,目视行礼对象,目光随之缓缓移动。

2.致意的礼规

(1)致意要讲究先后顺序。通常应遵循:年轻者先向年长者致意;学生先向老师致意;男士先向女士致意;下级先向上级致意。

(2)向他人致意时,往往可以两种形式同时使用,如点头与微笑并用,起立与欠身并用。

(3)致意时大方、文雅,一般不要在致意的同时,向对方高声叫喊,以免妨碍他人。

(4)如遇对方先向自己致意,应以同样的方式回敬,不要视而不见。

(三)握手礼

握手在人类社会中起源较早,据说原始人表示友好时,首先亮出自己的手掌,并让对方摸一摸,表示自己手中没有武器。后来渐渐地成为握手礼。

1.握手的方式

正确的握手礼应为:伸出右手,四指并拢,拇指伸开,掌心向内,手的高度大致与对方腰部上方齐平。同时,上身略微前倾,注视着对方,面带微笑,并伴有握手语,常用的握手语有以下几种:

(1)问候型:"你好!""最近怎么样?""工作还那么忙吗?"

(2)祝贺型:"恭喜你!""祝贺你!"

(3)关心型:"辛苦了!""一路很累吧!"

(4)欢迎型:"欢迎光临!""欢迎你!"

(5)致歉型:"照顾不周,请多包涵。"

(6)祝福型:"祝你一帆风顺!""祝你好运!"

2.握手的时间

一般在3秒钟左右。

3.握手的力度

以不使对方感到太紧为宜。

4.握手的顺序

遵守"尊者决定"的原则。

(1)上级与下级握手,应由上级首先伸手。

(2)年长者与年幼者握手,应由年长者先伸手。

(3)长辈与晚辈握手,应由长辈首先伸手。

(4)女士与男士握手,应由女士首先伸手。

(5)已婚者与未婚者握手,应由已婚者先伸手。

(6)社交场合的先至者与后来者握手,应由先至者首先伸手。

(7)主人与客人握手,来访时应由主人首先伸手,离去时应由客人首先伸手。

5.握手的禁忌

(1)握手时忌用左手与他人相握。

(2)握手时忌戴手套与他人相握,女士的装饰手套可例外。

(3)与多人握手时忌交叉相握以及跨门槛握手。

(4)握手时忌用不洁或患有传染性疾病的手与他人相握。

(5)与人握手时忌东张西望、左顾右盼。

(6)不能把手插在兜里,与人相握。

(7)在任何情况下,不要拒绝与他人握手。

（四）介绍礼

介绍是人们相互认识、彼此建立友谊的一种社交方式。在人际交往中，无论是采用自我介绍的方式，还是他人介绍的方式，都应遵守必要的礼节。

1. 自我介绍

即自己介绍自己，分为主动型自我介绍与被动型自我介绍。在进行自我介绍时，应注意自我介绍的内容、自我介绍的分寸等问题。

（1）自我介绍的内容

确定自我介绍的具体内容，应兼顾实际需要、所处场景，还应具有鲜明的针对性，切不可"千人一面"一概而论。常用形式有：

应酬式的自我介绍，适用于某些公共场合和一般性的社交场合，如旅行途中、聚会、通电话时，应酬式的自我介绍内容最为简洁，往往只包括姓名一项即可。例如："您好！我叫冯笛。""我是赵洋。"

社交式的自我介绍是一种刻意寻求与交往对象进一步交流与沟通，希望对方认识自己、了解自己、与自己建立联系的介绍方式。其内容大体应当包括介绍者的姓名、籍贯、学历、兴趣以及与交往对象的某些熟人的关系等。例如："我叫杨鸣，东北人，我刚才听见你在唱那英的歌，她是我们东北人，我特喜欢她唱的歌，你也喜欢吗？"

礼仪式的自我介绍，适用于讲座、报告、演出、庆典、仪式等一些正规而隆重的场合。它是一种意在表示对交往对象友好、敬意的自我介绍。礼仪式的自我介绍内容主要包含姓名、单位、专业等项。介绍时应多加入一些谦辞、敬语。

（2）自我介绍的礼规

进行自我介绍时，对下述几方面的问题必须予以重视，方能使自我介绍恰到好处，不失分寸。

在自我介绍时,要注意把握时间,即自我介绍一定要力求简洁,尽可能地节省时间,以半分钟左右为佳。如无特殊情况不要长于1分钟。在自我介绍时,要充满信心和勇气,要自然、友善、亲切、随和。自我介绍时,要正视对方双眼,显得胸有成竹,不慌不忙。这样做,有助于自我放松,并使对方对自己产生好感。要避免语气生硬、冷漠,语速过快或过慢,语音含糊不清。

2.他人介绍

为他人介绍又称第三者介绍,它是经第三者为彼此不相识的双方引见、介绍的一种介绍方式。

(1)介绍的顺序

为他人作介绍时,应事先了解双方的基本情况和意愿,并遵循受尊重的一方有权优先了解对方的原则。介绍的顺序通常为:先介绍地位、职务低的,再介绍地位、职务高的;先介绍晚辈后介绍长辈,先介绍男士后介绍女士;先介绍客人后介绍主人。在得体的介绍中,主人应按客人到达的先后顺序,先把后到的客人介绍给先到的客人,然后再介绍先到的客人,此外还应按客人、来宾的职务、身份按次序介绍。

(2)介绍的姿态

向他人作介绍时,应用手掌示意。即无论介绍哪一方,都应当掌心向上,四指并拢,拇指微张,指向被介绍一方,同时眼神要随手势转向被介绍的一方。

(3)被介绍者的表现

听人介绍时,无论哪一方,无论何人何种身份,都应起立示意。目视对方,面带微笑,全神贯注,切勿心不在焉。同时,可以以握手或其他致意形式,边行礼边使用"您好""认识您很高兴"等礼貌用语。

（五）鞠躬礼

鞠躬礼源于中国先秦时代。当时"鞠躬"一词指低头弯身之意，表示一个人谦虚恭敬的姿态。后来渐渐形成弯身的礼节，称为"鞠躬礼"。鞠躬礼一般多适用于较为正式的场合，下级对上级、晚辈对长辈之间，同时也适宜喜庆或庄重的礼仪。

1. 鞠躬的方法

施礼前，应脱帽，身体立正，目光平视对方。行礼时以腰部为轴，上体前倾，目视对方脚尖或地面，双手放于身体的两侧或叠放于体前，施礼的度数，应根据对象和场合来定。一般面对平辈行 15 度的鞠躬礼，面对长辈或宾客行 30 度的鞠躬礼，为表深深的谢意和歉意时通常行 45 度鞠躬礼，参加吊唁活动时对死者应行 90 度鞠躬礼。

2. 鞠躬礼的礼规

（1）鞠躬时目光应向下看，表示一种谦恭的态度，不可以一面鞠躬一面翻起眼睛看着对方。

（2）鞠躬时，嘴里不能吃东西或叼着香烟。

（3）鞠躬礼毕，双眼应该有礼貌地注视对方。

（4）若是迎面相遇，则在鞠躬后，向右边跨出一步，给对方让路。

上述是从教师职业角度对教师提出的最基本的公众形象要求。教育家指出："教师每天都仿佛蹲在一面镜子里，外面有几百双眼睛在不停地盯着他。"由此可见，教师要特别注意个人形象，教师的一切都对学生起着潜移默化的影响，我们要让自己从内到外都成为学生最完美的偶像。因为教师的责任不仅仅是教书，同时还要育人。

树立教师公众形象应该是每一位教师不断追求的文明风尚。教师要不断提高自身素质，把道德素质与业务素质有机地结合起来，不断注重自身形象的塑造，才能适应新的时代与改革的需要。

第十四讲　关注自己的形象

　　形象,通常指一个人的神情面貌和性格特征。它最大的特点是能引起或激发人们的思想或感情活动。各行各业、各种各样的形象都能影响周围的人和事。在生活中对他人的影响最大、受到最严格的监督的形象,莫过于教师的形象。我们作为一名教师,在日常生活中的形象潜移默化地影响周围。

　　教师仪态是教师与学生交流中最直接的表现。美国心理学家艾伯尔·梅柏拉曾对语言行为传递信息的效果进行过因素分析,最后得出一个十分有趣的结论:课堂信息传递的总效果等于 7％ 的文字＋38％ 的有声语言＋55％ 的态势语言。由此可见,态势语言在课堂讲授中发挥着重要作用。因此,教师在教学中,要正确运用态势语言,以增强教学效果。在教学活动中,教师的举手投足、面部表情等都反映着教师的修养水平及教学技能。教师仪态的一般要求是:站态要有安定感和力度,这样有利于学生提高情绪,振作精神;随着教学内容的变化,要求教师适当变化站姿;要用优美的手势正确地表达感情,不能指手画脚,盛气凌人;面部表情要丰富但不做作,要善于运用喜、怒、哀、乐、爱、恨、怨、叹等表情;在与学生交谈时,神态要热情、亲切,即使批评学生时,也不能用轻视、蔑视的眼光,因为学生往往从教师的神情中看到自己在教师心目中的地位和价值。事实证明,教师优雅大方、蓬勃洋溢的仪态,会带给学生有益的影响,会创造出充满生命活力的课堂。

第一节 教师的个人卫生

教师的个人卫生反映着教师的精神面貌,将直接影响着他在学生心目中的形象。教师应有良好的卫生习惯,如经常洗澡、修剪指甲、理发、换衣等,上课前也应梳理头发、整理衣服。另外,教师应有合理的生活习惯,要妥善安排自己的工作、学习、娱乐、休息和其他活动。这样做既可以保证自己具有旺盛的精力,促进身体的健康,又可以给学生树立一个良好的榜样。

一、教师的清洁

教师的清洁,就是要在日常生活中注意健康,防止疾病,善待和爱护自己的仪容,使之尽可能地整整齐齐、清爽干净,绝不准杂乱无章、邋邋遢遢。注意清洁并非仅是一句空话,而是要在许多方面采取措施来保障的。具体而言:定期理发,最好半个月理发一次。时时把头发梳理得井然有序、整整齐齐,绝对不允许蓬乱不堪。另外,体味、口气、太浓的香水都是令人反感的。因此,需随身带有口香糖以便随时清除口气。不要喷过浓的香水,因为有不少人对香味过敏,如果他们闻到太刺鼻的香味就会避而远之,在课堂上又会影响学生听课的效果。

二、教师的面容

教师特殊的职业特点决定教师要养成多洗脸的良好习惯。不仅早上起床之后、晚上就寝之前要洗脸,午休之后、劳动之后、外出碰上刮风下雨之后也要洗脸。坚持以正确的方法勤洗脸,可以促使面部皮肤进行良好的血液循环和新陈代谢,使人精神焕发,充满朝气,而且能够有效地清除滞留于面部的灰尘(粉笔灰)、污垢、汗渍、泪痕,使人显得清清爽爽。不可像猫咪洗脸一样,三下五除二就完事了,脖颈儿、耳朵却依旧"原封未动"。那些地方一样会为他人所注意,是"冷落"不得的。脸上生了疱疹、疗子,要立即去看医生,并遵照医嘱进行治疗。不要听之任之,或是乱挤、乱抠,弄得脸上伤痕累累,十分难看。

三、教师的头发

教师的头发整洁,具体也是有所指的。它要求教师不论留什么发型,都不能使自己披头散发,蓬乱不堪。最好的办法是在自己剪好头发或洗完头发后,用发胶或摩丝立即固定好发型,使其线条清晰,纹丝不乱;不论是男性,还是女性,作为教师都不准煞费苦心地在自己头发上搞花样。比如,不准留大鬓角,不准剃"阴阳头",更不准在发型上没男没女,让人"难辨性别"。留什么发型,得考虑年龄与脸型等特点。如老年男教师以"背头"发式为好,这种发型既与老年知识分子的气质相符,又可掩饰老年男教师秃鬓、谢顶的缺陷。体胖、颈短、脸宽的男中青年教师理平圆式、短长式较适合,它可使头部相应地显得长些,以弥补颈短、脸宽之不足。不属此类者,则以圆头式和中长式为佳。

女式发型要比男式复杂些。一般来讲,中年女教师以直发类的弧式和平直式较好,这既符合中年教师成熟的气质,也显得端庄、素雅。矮胖、圆脸的青年女教师则以发辫为较佳,它不仅可使体型显得修长而弥补矮胖的不足,更具有东方青年女子的传统美。瘦长、脸窄的青年女教师不妨选择卷发式,它可使面部和颈部显得丰满,且又"飞云不散",雅致大方。

头发是一种自然的物质,很好地清洗、梳理,能给人以美的效果。良好的发型可使人仪表端庄,显得彬彬有礼。蓬头散发不只是对自己不尊重,也是对别人不礼貌。头发处于人体的"制高点",其干净、整洁与否往往是他人一目了然的,而且也是他人的视线最先注意的地方。作为教师,应当像重视自己的服饰一样,对自己头发的干净与整洁给予高度的重视。

所谓头发的干净,是要求人们养成周期性洗头的好习惯,通过定期勤洗头发,使之无异味、无异物。在一般情况下,至少要做到三天洗一次头发。倘若自己是油性头发,则应当两天左右洗一次。遇上某些特殊的情况,如刮大风、出汗等等,应当随时洗头,而不必拘泥于定期,参加一些比较正式的活动,尤其是参加自己有可能成为众人所注意的"焦点"的活动之前,最好专门洗理一次头发,使之不给自己添烦加乱。体育教师、爱出汗的教师,每天都应在上班之前特意检查一下自己的头发有没有怪味,要是自己站立于学生或他人中间,头发散发出一股怪味,对自己形象无异于是一次"重创"。爱掉头发的人、头屑过多的人,每次出门之前都要对自己头发加以精心的检查与梳理,并且要把头顶上、脸上、衣服上、眼镜上,特别是肩背上从头上散落下来的落发、头屑认真地清理干净。不然就会给人以极其不洁的感觉。对灰尘、树叶、草梗之类飘落在头发上的东西,也要加以防范。

四、教师的手

除了面部之外,每个人的手部都是为他人所关注的另一个部位。教师的双手堪称是自己的"第二张名片"。它们在他人及学生的眼中,同样扮演着与普通名片一样的、为您进行自我介绍的角色。在这个意义上来讲,对自己的双手亦应倍加关照。手部需要注意之处,总的说来并不太多,干净仍然是对它的基本要求。教师要自觉地经常洗手,尤其是去过洗手间、外出归来和接触了脏东西之后,更不要忘记洗手。对自己的手还要多加保护。如果自己的双手粗糙、红肿、皲裂、蜕皮,并不等于自己操劳过度,而只能说明自己又懒又脏;在教学之中,教师的双手用得最多,所以要努力使之给别人留下好印象。要做到这一点需要:

1.常洗手。手是与外界进行直接接触最多的一个部位,教师就更是突出,所以非得勤洗不可。洗手,不应只是在饭前、便后,而且应当是在一切有必要的时候(尤其是下课后)。

2.不要刻意留长指甲。在修剪手指甲时,总的要求是忌长,并且要求经常地对它进行修剪。但是,这并不等于要求在修剪手指甲时花样翻新,要把自己的手指甲样子修得怪怪的,有意让它与众不同。对女教师而言,留长指甲非但毫无美感和实际用处,而且也极不卫生。即使您的长指甲沟"白白净净",从卫生的角度来讲,它也是"藏污纳垢"之处。要经常修剪自己的指甲,最长不要让它长过自己的手指尖,绝不可以用牙齿直接啃自己的指甲,也不要当众剪指甲。

3. 要及时地除去指甲沟附近的脏东西。

4. 不要把指甲涂得大红大紫。对教师而言,要求其整体形象优雅含蓄,涂抹彩色指甲油是不允许的。当然,要是为了保护指甲而使用无色的指甲油,则该当别论。

总之,对于教师的个人卫生要求,每个教师做到:不随地吐痰,不乱倒污物,不随处吸烟,上班不佩戴夸张首饰。穿着打扮大方得体、言谈举止文明高雅;办公室布置整洁美观、办公用品摆放整齐。

第二节　教师的站姿

教师在讲台上的站姿优美与否,其感召力是不一样的,教师的站姿应给人以挺拔笔直、舒展大方、精力充沛、积极向上的印象。站姿在一定程度上反映了一个教师的精神面貌和对课堂的投入程度。因而教师的站姿在稳重之中还要显出活力,不要过于拘谨和呆板。教师站在讲台上要精神振作,潇洒大方。要随时根据授课内容和课堂情景的变化调整站姿,适当走动,要善于运用恰到好处的动作和站姿来配合自己的语言表达。

一、教师在讲课时站的位置

讲课时,教师站在教室的前中央为最佳位置,即讲桌与黑板之间,这样做可以提高课堂教学效率。教师站在讲桌与黑板之间,除两边的学生外,大多数学生是直视的,这对保护视力有益处。若站在一角,则大部分学生的视线是斜的。踱步讲课,学生目光随之移动,久而久之对学生的视力也会有影响。此外,教师讲课总是辅之以板书,还要随时参阅教案,站在讲桌与黑板之间,口述笔写,随手可到,浏览教案,低头可及,既节约时间又方便应手。若站在一角或踱来踱去讲课,板书时需向黑板靠拢,参阅教案时又要向讲桌靠拢,这既浪费时间又不方便。

二、教师正确的站姿

站姿是教师在课堂中最重要的举止之一。在课堂上,教师不同的站立姿势,对学生的心理有不同的影响。

1.站姿的要求:端正、稳重、亲切、自然。

2.正确的站姿

(1)正向抬头,双目平视前方,嘴唇微闭,面带微笑,自然平和。

(2)两肩平行、放松,稍往下压,使人体有向上的感觉。

(3)躯干挺直,身体重心应在两腿的中央,做到挺胸、收腹、立腰。(这样会给学生以"力度感")

(4)双臂自然下垂于身体两侧,或放在身体前。

(5)双腿直立,两足分开20厘米左右的距离或两脚靠拢,脚尖呈"V"字形。女教师两脚可并拢。男教师双腿张开与肩宽,保持身体的端正。

三、学生回答问题时教师的站姿

1.学生回答问题,教师身体微微前倾,这种姿势表明对学生说的话感兴趣,也表明教师的注意力都集中在学生身上,没有走神,增加了亲切感。

2.学生回答问题时,教师错误的站姿

(1)自己板书,背对学生,给学生一种不礼貌的感觉,学生也不能从教师的表情中判断自己的回答是否正确,是否需要继续回答。

(2)双手放在裤袋里或两手反在背后,一副师道尊严、居高临下的姿态,没有一点亲切感。

四、教师站姿的注意事项

1.学生自习时,教师可以用手撑住桌沿,把重心移到某只脚上,但不能长时间手撑桌面,免得学生认为您疲惫不堪,影响听课情绪。

2.擦黑板时,教师的站立要稳,不能全身猛烈抖动,左右摇晃,此举会破坏教师的课堂形象。

3.教师讲课的站位不能呆板地固定在一点上,应适当地移动位置,或到学生座位行间进行巡视。

4.忌侧身而站。心理学研究表明,侧身而站和面向黑板而站说明教师的心理是封闭的,不利于阐述教学内容,而且给学生留下缺乏修养的印象。

5.忌站时重心移动太快。站时重心忽左忽右,彰显信心不足,情绪紧张、焦虑。面对学生站稳,表明教师准备充足,有信心上好这堂课,有能力控制整个教学局面。

6.忌远离讲桌,站在讲台的前左角或前右角;"打游击"左右来回移动;或者在学生座位行间踱来踱去,不符合礼仪规范和卫生要求。

7.忌教师把双手交叉抱在胸前或背在身后,这些动作会给学生一种傲慢的感觉。

8.如果站立过久,可以将左脚或右脚交替后撤一步,但上身仍要挺直,脚不可伸得太远,双腿不可叉开过大,变换也不能过于频繁。

9.站立时,忌全身不够端正、双脚叉开过大、双脚随意乱动、无精打采、自由散漫的姿势。

第三节　教师的坐姿

教师的坐姿,是一种静态造型。端庄优美的坐姿,会给学生以优雅、稳重、自然、大方的美感,从而提升教学效果。

一、教师落座的方法

女教师在落座前应回视座椅,右腿退后半步(视面部朝向而定),待右小腿后部触到椅子后,方可轻轻坐下(如着裙装,需同时整理好)。坐定后,膝盖并拢,腿可以放在身体正中或一侧。如果想跷腿,两腿需并紧。女教师若着短裙一定要注意盖住膝盖(在讲台上需落座的女教师,不适合穿短裙)。男教师落座时,膝部可以分开一点,但不要超过肩宽,也不能两腿叉开,半躺在椅子里。

二、教师坐姿的方式

1."正襟危坐"式。适用于课堂上或正规集会。要求是:上身和大腿、大腿和小腿都应当形成直角,小腿垂直于地面。双膝、双脚包括两脚的跟部,都要完全并拢。

2.双腿斜放式。它适合于穿裙子的女教师在较低的位置就座时所用。要求:双腿首先并拢,然后双脚向左或向右侧斜放,力求使斜放后的腿部同地面呈45度角。

3.前伸后屈式。这是女教师适用的一种坐姿。要求:大腿并紧后,向前伸出一条小腿,并将另一条腿屈后,两脚脚掌着地,双脚前后要保持在一条直线上。

4.双腿叠放式。适合穿短裙的女教师采用。要求:将双腿一上一下交叠在一起,交叠后的两腿间没有任何缝隙,犹如一条直线。双脚斜放在左或右一侧。斜放后的腿部与地面呈45度角,叠放的上脚尖垂向地面。

5.双脚内收式。它适合与学生交谈时采用,男女教师都适合。要求:两条大腿首先并拢,双膝可以略为打开,两条小腿可以在稍许分开后向内侧屈回,双脚脚掌着地。

6.垂腿开膝式。它多为男教师所用,比较正规。要求:上身和大腿、大腿和小腿都成直角,小腿垂直于地面。双膝允许分开,分的幅度不要超过肩宽。

7.双脚交叉式。它适用于各种场合,男女教师都可选用。双膝先要并拢,然后双脚在踝部交叉。需要注意的是,交叉后的双脚可以内收,也可以斜放,但不要向前方远远地直伸出去。

三、教师坐姿要求

1.头要端正。不要出现仰头、低头、歪头、扭头等情况。整个头部看上去,应当如同一条直线一样,和地面相垂直。在办公时可以低头俯视桌上的文件等物品,但在回答学生问题时,必须抬起头。在和学生交谈的时候,可以正向对方,或者面部侧向对方,不可以把头后部对着对方。

2.上身直立。坐好后,身体也要端正。需要注意的地方有:

(1)倚靠椅背。倚靠座椅主要用以休息。在教室就座时,不应把上身完全倚靠在座椅的背部,最好不要倚靠。

(2)占用椅面。在课堂上,不要坐满椅面,最合乎礼节的是右椅面的3/4左右。

(3)身体的朝向。交谈的时候,为表示重视,不仅应面向学生,而且同时将整个上身朝向对方。

3.手臂的摆放。

(1)手臂放在双腿上。双手各自扶在一条大腿上,也可以双手叠放后放在两条大腿上,或者双手相握后放在双腿上。

(2)手臂放在身前桌子上。把双手平扶在桌子边沿,或是双手相握置于桌上,也可以把双手叠放在桌上。

(3)手臂放在椅子扶手上。当正身而坐时,要把双手分扶在两侧扶手上;当侧身而坐时,要把双手叠放或相握后,放在身体一侧的扶手上。

四、教师坐姿禁忌

1.双腿叉开过大。双腿如果叉开过大,不论大腿叉开还是小腿叉开,都非常不雅观。特别是身穿裙装的女教师更不要忽视这一点。

2.架腿方式欠妥。坐后将双腿相架的正确方式：两条大腿相架、并拢。忌把一条小腿架在另一条大腿上，两腿之间留出大大的空隙，显得过于无礼。

3.双腿直伸出去。那样既不雅观又妨碍别人。身前如果有桌子，双腿尽量不要伸到外面来。

4.将腿放在桌椅上。为图舒服，把腿架在高处，甚至抬到身前的桌子或椅子上，这样的行为过于粗鲁。不允许把腿盘在座椅上。

5.抖腿。坐时，不停地抖动或摇晃腿部，不仅让人心烦意乱，也给人以不安稳的印象。

6.脚尖指向学生。不管采用哪一种坐姿，都不要以脚尖指向学生，这种做法缺乏礼数。

7.脚蹬踏他物。坐下后，脚部要放在地上。忌用脚乱蹬乱踩。

8.用脚自脱鞋袜。在学生面前就座时，用脚自脱鞋袜，显然是不文明之举。

9.手触摸脚部。就座以后用手抚摸小腿或脚部，既不卫生又不雅观。

10.手乱放。就座后，双手应放在身前，有桌子时放在桌上。不允许单手、双手放在桌下，或是双肘支在面前的桌子上，或夹在两腿间。

11.双手抱在腿上。双手抱腿，本是一种惬意、放松的休息姿势，在教室和办公室不宜如此。

12.上身向前趴伏在讲台上。不要在教室中出现上身趴伏在讲台上的姿态，显得无精打采。

13.仰靠椅背，跷起并摇动二郎腿，会给学生傲慢和随意的印象。

14.漫不经心地手托下巴。

15.懒散懈怠地坐在椅子上转身板书。

五、不同场合的坐姿

1.在比较轻松的场合,可以坐得比较舒展、自由。

2.比较严肃的场合谈话时,适合正襟危坐。要求上体正直,落座在椅子的中部,双手放在桌上,或将手放在扶手上。并膝、稍分小腿或并膝、小腿前后相错、左右相掖。

3.女教师在社交场合,为了使坐姿优美,可以采用略侧向的坐姿,头和身子朝向对方,双膝并拢,两脚相并、相掖、一前一后都可以。在落座时,应把裙子理好、掖好,以免不雅。

4.如对方是尊者、贵宾,坐姿要端正,坐到椅面的3/4处,身体稍向前倾,向对方表现出积极、重视的态度。

5.与学生在办公室谈话时,上身微前倾,眼睛平视学生,面带微笑,让学生感到亲切、真诚。

总之,教师优雅的坐姿,向学生传递着自信、友好、热情的信息,同时也显示出教师高雅、庄重的良好风范。

第四节　教师的走姿

教师在课堂上如果能适当走动,变换一下位置,可以改变学生注视教师的角度,减轻视觉疲劳。教师的走姿要优雅、稳重、从容、落落大方。

一、教师规范的走姿

1.起步时以站姿为基础,上身略微前倾,身体重心在前脚掌上,步态轻盈稳健。

2.速度适中,不要过快或过慢,过快给人轻浮印象,过慢则显得没有时间观念,没有活力。

3.头正颈直,两眼平视前方,面色爽朗。

4.上身挺直,挺胸收腹。

5.行走时双肩平稳,双臂以肩关节为轴自然摆动,摆动幅度以30－40厘米为宜。

6.身体重心在脚掌前部,两脚跟走在一条直线上,脚尖偏离中心线约10厘米。

7.女教师行走时要走成一条直线,脚步要行如和风,自如、匀称、轻柔。

8.男教师行走时则要走成两条直线,脚步要大方、稳重、有力。

9.步幅要适当。着装不同,步幅也要有所不同。

二、教师走姿的特点

1.教师走姿的特点

教师行走步伐要稳健、自信、刚劲、有力,体现一种胸有成竹、沉稳自信的风度和气质。

2.教师行走的频率

教师行走的步幅、步频要依据不同场合而定。一般的课堂行走,步频慢,每秒约1至2步,且步幅小;欢快、热烈的场合步频较快,每秒约2.5步左右,步幅应较大,如:带领学生外出游览、庄严的大会,步频以每秒2步为好,步幅自然。行走时挺胸抬头,目视前方,摆臂自然。

三、教师走姿禁忌

1.忌弯腰曲背。教师在课堂中的来回走动是不可缺少的。走时,身板要挺直,两肩要端平。

2.忌步履蹒跚。走动的速度要根据具体情况来定。走得太慢,使人着急,给人一种漫不经心的感觉;走得太快,使人感到慌乱。

3.忌面无表情。教师在校园内行走要始终保持微笑,给学生以亲切感。

4.忌东张西望。教师行走时应随时保持步姿从容不迫,快慢自然,矫健轻快。

5.忌步子迈得过大或过小,以免有跨越感或谨小慎微感。

6.忌敞开衣襟。教师的走姿应当端庄,行走中不敞开衣襟,不斜披衣服。

7.忌拖着鞋走路。

8.忌勾肩挎臂并排而行。

9.忌走路时吸烟、吃东西。

10.忌课堂上走动过频过急。课堂上行走过急会分散学生的注意力,引起学生的反感。

第五节　教师的目光

教师的眼睛是最重要的教学"工具"之一,教师与学生交流,双眼以祥和的目光注视着对方,这是一个相当重要的礼仪,这样会让学生觉得您为人正直。如果眼神飘浮不定,学生会觉得您缺乏可信度。师生之间欲建立良好的默契,在交谈过程中,应用60%的时间注视着学生,注视的部位是两眼和嘴之间的三角区域,这种信息的传接,会被正确而有效地理解。教师在交往中,特别是和学生的交往中,若想获取成功,就要以期待的目光,注视着学生讲话,面带浅淡的微笑和不时的目光接触,这种温和而有效的方式,会营造出一种温馨的氛围。

一、教师目光的运用

目光是非言语交流的重要手段,教师要善于运用这种交流手段,透过学生的眼睛,洞察其内心世界;教师还要善于利用自己的眼睛,对学生实行心理控制,促成心理相容。

1.不能对学生或他人长时间凝视,否则将被视为一种无礼行为。

2.与学生谈话时,眼睛注视对方眼睛或嘴巴的"三角区"。标准注视时间是交谈时间的30%－60%,称为"社交注视"。

(1)目光注视对方的时间超过整个交谈时间的60%属超时注视,使用这种眼神看人是失礼行为。

（2）眼睛注视对方的时间低于整个交谈时间的30％属低时注视,也是失礼的注视,表明您对学生、对谈话都不感兴趣。

3.眼睛转动的幅度与快慢,忌太快或太慢。眼睛转动稍快表示有活力,但如果太快则表示不真诚,给人不庄重的印象,同时,眼睛也不能转得太慢,否则为"缺乏生气"。

4.恰当使用亲密注视,和亲近的人谈话(与学生单独交谈),可以注视他(她)的整个上身,叫"亲密注视"。

5.学生在课堂上回答问题错误时,一定会感到很尴尬,怕同学们嘲笑、蔑视他(她)。这时您不要看他(她)的脸,或看一眼后又马上转移您的视线。这样,学生会认为您在用目光讽刺嘲笑他(她)。

6.师生在交谈中,应注视对方的眼睛或脸部,以示尊重别人,但是,当双方缄默无语时,就不要再老是看着对方的脸。因为双方无话题时,本来就有一种冷漠、踌躇不安的感觉。如果此时您注视学生,势必使对方显得更尴尬。

7.学生离开办公室时,要等学生转过身并走出一段路后,您才能转移目送学生的视线。

当几十双充满渴望与关注的眼睛注视着您时,作为教师,您该以怎样的目光去面对?是慈爱、鼓励,还是冷漠、鄙视?学生希望教师的目光是慈爱的。因为这是妈妈特有的,它温柔、体贴,能让学生体验到最大的快乐与爱。因此,作为女教师,更应以母性特有的温柔与慈爱来关心、爱护每名学生,让他们在教师眉宇间流露出的情感中,感受真爱、体贴、重视、关怀,使他们在关切中健康、快乐地成长。

二、教师目光禁忌

学生渴望教师的目光是鼓励的。因为它能给学生以自信和力量,增强学生的自尊心、上进心。他们从这种目光中得到鼓励,迎着这种目光,他们敢于大胆地表达自己的观点和要求,敢说自己想说的话,敢做自己想做的事,使他们最大限度地享受自由、张扬个性。

1.忌责怪的目光。这种目光容易使学生产生逆反心理,造成学生对教师的抵抗情绪,割裂师生间的友谊,使两者矛盾激化,不利于学生健康人格的发展。

2.忌漠视的目光。只顾做自己的事,不看对方说话,是怠慢、冷淡、心不在焉的流露。这种目光极易使学生的自尊心受到伤害,易使学生产生极大的自卑心理,任何活动不敢积极参与,甚而对任何事情都缺乏信心和兴趣,沉默寡言,最终导致性格上的孤僻、冷漠、自私。

3.忌看完学生突然一笑,是一种讥讽。

4.忌面无悦色的斜视,是一种鄙意。

三、教师眼语大忌

瞪眼——教师把眼睛瞪得大大的,表示你对学生不满,这种目光会让学生产生更大的敌意。

盯——不管有意无意,盯着学生都是不礼貌的,这种目光会引起对方较强烈的心理反应,容易造成误会,让学生产生压力。

眯眼——眯着眼睛看人,除了让学生产生你是否眼镜度数不够的疑问,也还表示你想隐藏自己的心理而窥视他人。

斜视——从眼角把目光投向学生,传递的是一种漠然、漠视和漫不经心,甚至是轻蔑的情绪。

注视可以表示师生之间在课堂上的相互尊重。教师在上课时对某学生注视较多,这个学生就会感到亲切而专心听讲。而教师对另一个学生连看也不看一眼,他(她)会认为教师对他(她)很蔑视。因此,要做到目光照顾到班上每个学生,教师在上课时就要学会调整角度,照顾到各个方面。如:在课堂上,教师用目光调整学生的注意力。对专心听讲的学生用热情的目光,表示教师满意的心情;对精力不集中、做小动作或窃窃私语的学生,教师用冷漠的目光注视几秒钟,待双方目光接触以后再移开,这样既起到了告诫的作用,又保护了学生的自尊心。

　　教师在与学生的交流中,要根据不同的情况,采取不同的注视行为,不同的注视行为对师生交流的性质和交流的结果会产生不同的影响。教师与学生之间宜采用亲密注视,教师看着学生眼睛和前额之间,会对学生产生一种强有力的影响,而且看上去也会显得亲切、自然。教师对学生的教育和帮助会产生积极的效果。

第六节　教师的微笑

　　在国际交往中,如果语言障碍无法交流,微笑则是迅速达到预期交流的"润滑剂"。微笑即是在脸上露出愉快的表情,是善良、友好、赞美的表示。在绝大多数国际交往场合中,微笑都是礼仪的基础。亲切、温馨的微笑能和不同文化背景的人迅速缩小彼此间的心理距离,创造出交流与沟通的良好氛围。

　　微笑是指不露牙齿,嘴角的两端略向上翘起,眼神中有笑意。人际交往中为了表示尊重,相互友好,微笑是必要的。微笑是一种健康的、文明的举止。一张甜蜜的带着微笑的脸总是受人喜爱的。微笑是教师在教育教学中的重要体态语。她就像一缕缕温和灿烂的阳光,一串串晶莹剔透的甘露。如果您希望做一个受学生欢迎的教师,第一要旨就是学会微笑。生活中,当您正忧心忡忡,当您正满腹怒气,迎面来了同事、朋友或者铃声正催您进课堂,您会用怎样的表情面对学生?作为教师,我们一般会在其他成年人面前注重自己的表情,会懂得在适当的时候掩饰自己的情绪。可是,面对学生,很多教师就不在意了,喜怒哀乐都放在脸上,这恰恰是教师的一大禁忌。

　　学生往往比我们想象的更会察言观色,并且常根据老师的表情来猜测老师对自己的感觉。如果老师带着自己的不愉快走进教室,孩子会误认为老师不喜欢自己。老师的情绪对学生的影响无疑是巨大的,对学生保持微笑吧,那不仅仅是保持了教师的良好形象,更显示了您伟大的人格魅力。

一、教师微笑的作用

"你今天对客人微笑了没有?"这是美国希尔顿旅馆总公司的董事长康纳·希尔顿在50多年里,不断地到他设在世界各国的希尔顿旅馆视察业务时经常问及各级人员的一句话。他说:"无论旅店本身遭受的困难如何,希尔顿旅馆服务员脸上的微笑,永远是属于旅客的阳光。"旅店里第一流的设备重要,而第一流服务员的微笑更重要,如果缺少服务员的美好微笑,好比花园里失去了春日的太阳和春风。假如我是顾客,我宁愿住进那些虽然只有残旧地毯,却处处可见到微笑的旅馆,而不愿走进只有一流设备而不见微笑的地方。正是运用微笑的魅力,帮助其度过了20世纪30年代美国空前的经济大萧条,获得了世界性的大发展。可见,微笑是一门学问,又是一门艺术,随着人际交往的频繁,微笑越来越少不了。

笑,即脸上露出愉快的表情,或发出欢喜的声音。在中国的语言中有微笑、娇笑、冷笑、狞笑、狂笑、奸笑、谄笑、苦笑、耻笑、讥笑、讪笑等各种特色的笑。不同的笑,表达着不同的心态和感情,传递着各种信息。使人与人之间彼此缩短心理距离,并能创造出交流和沟通的良好氛围的莫过于亲切、温馨的微笑。微笑,它同眼神一样是无声的语言,是人际交往中的"润滑剂",是一种广交朋友的有力手段,也是人们表达愉快感情的心灵的外露,是善良、友好、赞美的象征。一种有分寸的微笑,再配上优雅的举止,对于表达自己的主张,争取他人的合作,会起到不可估量的积极作用。

笑容是一种令人感觉愉快的面部表情,它可以缩短师生之间的心理距离,为深入沟通与交往创造温馨和谐的氛围。因此人们把笑容比作师生间交往的润滑剂。在笑容中,微笑最自然大方,最真诚友善。世界各民族普遍认同微笑是基本笑容或常规表情。在师生交往中,保持微笑,具有举足轻重的作用。

1.表明心境良好。面露平和欢愉的微笑,说明心情愉快,充实满足,乐观向上,善待人生,这样的教师才会产生吸引学生的魅力。

2.表明充满自信。面带微笑,表明对自己的能力有充分的信心,以不卑不亢的态度与学生交往,使学生产生信任感,容易被学生真正地接受。

3.表明真诚友善。微笑反映自己心底坦荡,善良友好,待人真心实意,而非虚情假意,使学生与教师交往中自然放松,不知不觉地缩短了心理距离。

4.表明乐业敬业。工作岗位上保持微笑,说明热爱本职工作,乐于恪尽职守。如在课堂上,微笑更是可以创造一种和谐融洽的气氛,让学生倍感愉快和温暖。

真正的微笑应发自内心,渗透着自己的情感,表里如一,毫无包装的微笑才有感染力,才能被视作沟通的"增效剂"。

二、微笑的训练方法

在社会交往中笑有多种方式,其中最美的是微笑。发自内心的微笑是渗透情感的微笑,包含着对人的关怀、热忱和爱心。情是微笑的一种重要内力,它赋予微笑以色彩、能量,从而形成强烈的感染力。

1.微笑的基本方法:先要放松自己的面部肌肉,然后使自己的嘴角微微向上翘起,让嘴唇略呈弧形;然后,在不牵动鼻子、不发出笑声、不露出牙齿的前提下,轻轻一笑。

微笑除了要注意口形之外,还需要注意与面部其他各部位的相互配合,尤其是眼神中的笑意,整体协调才会形成甜美的微笑。

2.微笑练习

(1)对镜练习。使眉、眼、面部肌肉、口形在笑时和谐统一。

（2）诱导练习。调动感情,发挥想象力,或回忆美好的过去、愉快的经历,或展望美好的未来,使微笑源自内心,有感而发。

教师的微笑可以表现出温馨、亲切的表情,能有效地缩短师生的距离,给学生留下美好的心理感受,从而形成融洽的交往氛围。微笑可以反映教师崇高的修养,待人的至诚。微笑有一种魅力,它可以使强硬者变得温柔,使困难变容易。微笑是师生交往中的增效剂,微笑是化解师生矛盾的有效手段。

第七节　教师的手势

手势是一种极其复杂的符号,能够表达一定的含义。在人际交往中,手势更能起到直接沟通的作用。对方向你伸出手,你迎上去握住他,这是表示友好与交往的诚意;你若无动于衷地不伸出手去,或懒懒地稍握一下对方的手,则意味着你不愿与其交朋友。鼓掌是表示赞许、感谢的意思。在交谈中,你向对方伸出拇指,自然是表示夸奖,而若伸出小指,则是贬低对方。这些都是交往双方不言自明、不可随意滥用的符号。而人们常常因在人际交往中,不由自主地表现出一些不适当的手势动作,影响友好的沟通。据学者们研究,手势与表情结合,可传导信息的 40%。恰当的手势往往是在内心情感的催动下,瞬间自然做出来的。手势可以反映人的修养、性格。手势对于增强教学效果具有十分重要的作用,所以教师要注意手势语言的运用幅度、次数、力度等技巧。在教学实践中,以各种不同形态的造型,描摹事物的复杂状态,传递潜在心声,显露教师心灵深处的情感体会与优雅的举止。

一、教师的手势语言

布罗斯纳安认为手势实际上是体态语的核心,古罗马政治家西塞罗说过:"手势恰如人体的一种语言,这种语言甚至连野蛮人都能理解。"法国大画家德拉克洛瓦则指出:"手应当像脸一样富有表情。"他们的话从不同侧面指出了手势的重要性。通常情况下,人们通过手的接触或手的动作可以解读出对方的心理活动或心理状态,同时还可将自己的意图传达给对方。

1.教师手势的作用

(1)澄清和描述事实。

(2)强调事实。

(3)吸引注意力。

2.教师手势的类型

作为教师,讲课时,都需要配以适度的手势来强化讲课效果。手势要得体、自然、恰如其分,要随着相关内容进行。一般而言,手势由进行速度、活动范围和空间轨迹等三个部分所构成。在教学中,主要被用以发挥表示形象、传达感情等两个方面的作用。教师各种不同的手势语,可分成四种类型:

(1)形象手势,用来模拟状物的手势。

(2)象征手势,用来表示抽象意念的手势。

(3)情意手势,用来传递情感的手势。

(4)指示手势,指示具体对象的手势。

3.教师的基本手势

(1)垂放,是教师最基本的手姿。

①双手自然下垂,掌心向内,叠放或相握于腹前。

②双手伸直下垂,掌心向内,分别贴放于大腿两侧。

(2)背手,多见于站立、行走时,既可显示教师的权威,又可镇定自己。

应用方法:双臂伸到身后,双手相握,同时昂首挺胸。

(3)持物,即用手拿东西。其做法多样,既可用一只手,又可用双手,但最关键的是,拿东西时应动作自然,五指并拢,用力均匀。忌跷起无名指与小指,故作姿态。

(4)鼓掌,是用以表示欢迎、祝贺、支持的一种手姿,多用于会议、演出、比赛或迎候嘉宾。

应用方法:是以右手掌心向下,有节奏地拍击掌心向上的左掌。必要时,应起身站立。但是,不应以此表示反对、拒绝、讽刺、驱赶之意,即不允许"鼓倒掌"。

(5)夸奖,这种手势主要用以表扬学生。

应用方法:伸出右手,跷起拇指,指尖向上,指腹面向被称道者。但在交谈时,不应将右手拇指竖起来反向指向其他人,因为这意味着自大或藐视。以之自指鼻尖,也有自高自大、不可一世之意。

(6)指示,是用以指示方向的手姿。

应用方法:是以右手或左手抬至一定高度,五指并拢,掌心向上,以其肘部为轴,朝一定方向伸出手臂。

二、教师应用手势的礼仪

1.大小适度。在社交场合,应注意手势的大小幅度。手势的上界一般不应超过对方的视线,下界不低于自己的胸区,左右摆的范围不要太宽,应在自己胸前或右方进行。在课堂上,教师手势动作幅度不宜过大,次数不宜过多,不宜重复。

2.自然亲切。教师在课堂上,多用柔和曲线的手势,少用生硬的直线条手势,以求拉近师生间的心理距离。

3.恰当适时。教师讲课伴以恰当的、准确无误的手势,以加强表达效果,激发学生的听课情绪。切忌不停地挥舞或胡乱地摆动,也不要将手插入衣兜或按住讲桌不动。手舞足蹈会令人感到轻浮不稳重,过于死板又会使学生感到压抑,总之应以适度为宜。

4.简洁准确。手势是教师最明显、最丰富,也是使用最频繁的教具之一。在讲课时,手势要适度舒展,既不要过分单调,也不要过分繁杂。

一般说,向上、向前、向内的手势表示成功、肯定、赞赏;而向下、向后、向外的手势表示悲伤、惋惜等。手势应该正确地表示感情,不能词不达意,显得毫无修养。

手势是体语中最丰富、最具有表现力的传播媒介,做得得体适度,会在交际中起到锦上添花的作用。

三、教师的手势禁忌

手势是最有表现力的一种"体态语言"。教师恰当地运用手势,能够起到良好的沟通作用,也会使自己的形象更美、更有风度。作为教师,有以下几点应该注意:

1.忌当众搔头皮、掏耳朵、抠鼻孔、剜眼屎、剔牙、抓痒痒、咬指甲等。这些动作会令学生极为反感,严重影响形象与风度。

2.不要用手指指点他人,用手指指点他人的手势是非常不礼貌的,含有教训人的意味。

3.讲课时忌讳敲击讲台、黑板,或做其他过分的动作。

4.忌玩弄粉笔或衣扣等。

5.忌高兴时拉袖子等不文雅的手势动作。

6.忌交谈时指手画脚、手势动作过多过大。

教师手势的运用要规范和适度,给人一种优雅、含蓄和彬彬有礼的感觉。谈到自己的时候,不要用大拇指指自己的鼻尖,应用右手掌轻按自己的左胸,那样会显得端庄、大方、可信;谈及别人、介绍他人、指示方向、请对方做某事时,应掌心向上,手指自然并拢,以肘关节为轴指示目标,同时上身稍向前倾,以示敬重,切忌伸出食指来指点。掌心向上的手势有一种诚恳、恭敬的含义;而掌心向下则意味着不够坦率、缺乏诚意。招手、鼓掌等都属于手势的范围,应根据不同场合和目的恰当运用,不可过度。教师要掌握增强语言表现力的有意识手势,并使之优雅自然。

第十五讲　教师的人格魅力

第一节　浅谈教师的人格魅力

人格魅力是体现教师素质的重要标志。作为一名教师，从某种意义上说，应该成为一个教育家——至少应该具备教育家的一些好的素质。教师除了应该有丰富的专业知识、熟练的专业技巧，更应该具有比较完善的人格风貌。即在性格、气质、品德等方面，具有一种堪为学生楷模的总体人格特征，能给予学生一种美好的精神感染力。或如春风一样宽厚和煦，或如泉水一样简单明澈，或如哲人一样深刻睿智，或如严父一样一丝不苟……只有这样，才有可能在学生面前树立起一个"可师""可范"的榜样。在学校里，教师是搞好教育教学的主导因素。那么，在这一过程中，是什么在发挥重要作用呢？中国工程院院士徐匡迪先生说："学生受教育的过程应该是一种人格完善的过程，这在很大程度上取决于教师本身人格力量所施加的影响。"俄罗斯教育家乌申斯基说："在教育工作中，一切都应该以教师的人格为依据。因为教育力量只能从人格的活的源泉中产生出来，任何规章制度，任何人为的机关，无论设想得如何巧妙，都不能代替教育事业中教师人格的作用。"由此可见，在整个教育的全过程中，教师的作用贯穿始终，而教师人格力量的引导作用至为重要。师当有"道"，不容置疑。

经常听到学生议论，说他们喜欢某位老师，愿意听他讲课，听课时学生的兴致很高，甚至到学生走向工作岗位，学生也一直敬佩这些教师。事实上，作为教师，已经赢得了学生的尊重与爱戴。教师的人格魅力已使学生折服。教师的职业是培养、造就一代新人的特殊职业，教师的劳动是一种以人格培育人格，以灵魂造就灵魂的劳动。教师的人格魅力是来自多方面的，教师的教育观念、品德修养、性情、学识、能力等综合素质熔铸成人格，这是一名教师吸引学生力量的主要源泉。

第一，教师的人格魅力来源于具有全新的教育观念。要有正确的基础教育的教育观，即满足学生今后的发展需要是基础教育的宗旨。要有正确的基础教育的教学观，即教学活动的目的，不仅仅是传授知识，更重要的是要教学生学会学习，因而要求学生参与教学过程，形成合作的、良好的教学环境。

要有正确的基础教育的学生观，学生是发展的人，相信每个学生都有巨大的发展潜能，只是不同阶段不同学生的表现有差异，学生是独特的人，他们有着自己独特的内心世界、精神生活、内在感受和不同于常人的观察、思考和理解问题的方式。要承认学生的差异性。特别是普通学校的学生，教师更要尊重学生的个性发展。教师的眼中不应该有差生，相信每个学生都有优点，都有进步的愿望。教师的责任是要设法满足他们，有区别地去塑造他们：直木做梁，弯木做犁。

良好的师生关系是一股巨大的教育力量。师生关系融洽，教育就有成效，师生关系紧张，学生就有对抗情绪，学生上课不听讲，惧怕、疏远教师。教师应成为学生的朋友，与学生建立一种平等的、和谐的伙伴关系。这就需要教师对学生充分地理解、信赖、关爱。没有爱就没有学习，没有爱就没有教育。教育是心灵的碰撞，只有教师把学生当成自己的朋友，才会产生最好的教育。

第二，教师的人格魅力来源于具有高尚的品德修养。学生受教育的过程应该是一种人格完善的过程，这在很大程度上取决于教师本身的人格力量所施加的影响。教师的人格力量是实施素质教育的重要保证。它来自于教师学术水平与道德情操的完美统一。

把爱洒向学生。生命之所以可贵，就在于它有丰富的情感。作为教师,我们应意识到,我们每天是在与一个个鲜活的灵魂对话,我们应用涓涓细流去滋润他们的心田。这不仅意味着,我们要教育学生爱生活与人生,而且还意味着,我们要怀着崇高的爱去传授知识,通过水到渠成的点化潜移默化地感染学生,像春雨润物那样言传身教。这样,才能使学生受到启迪,他们在获得知识的同时,也保持丰富而优美的灵魂,让他们年轻的心灵感受到生活的欢乐与美好。相反,如果对他们熟视无睹,无疑会使教育黯然失色。知识是有用的,但没有爱的知识又有多少价值呢?

在平常的教学中,有些教师动辄训斥、侮辱、体罚或变相体罚学生。显然,这样的教师他的潜意识里存在居高临下和不平等的态度。仅凭这一点,就可以肯定他难以赢得学生们的真心喜爱和尊敬。回过头来看,我们那些优秀的教师的身影,他们的一言一行给学生留下美好的印象,能够给学生以终身影响,为什么? 一言以蔽之:品德修养不同。优秀的教师,他们会在平等的基础上善待每一个学生,不会因为学生学习的好坏与家庭背景的不同高看或歧视某些学生。在他们心里,教好每一个学生是他们的天职。他们胸怀博大,容得下性格脾气各不相同、兴趣爱好互有差异的学生。他们不仅是学生的良师,也是慈爱的长者,更是学生的知心朋友。他们不仅关注学生的学习成绩,也关注学生的思想品德与行为习惯,更把学生的喜怒哀乐、寒暑冷暖放在心间。

第三,教师的人格魅力来源于渊博的学识和教书育人的能力。课堂是体现这种魅力的主战场。学生是教学的主体,在学校的教育中,知识的传授、技能的培养、智力的发展以及思想品德的形成,都要通过教师来进行,课堂是进行的主要渠道。课堂教学中,教师是主导,其真正作用在于启发、引导、帮助学生如何发挥自己的主体性和主动性。要让学生主动参与学习过程,积极思维,大胆发言,给他们提供充分的心理自由,发展学生的个性,做到因材施教,尊重学生学习的主体地位。这就要求教师要放下"师道尊严"的架子,接近学生,热爱学生,坚持教学民主,在课堂上创设一个宽松、和谐、充满信任的气氛,这样学生就乐于接受教育,并在教育中更好地发挥自己的主动性和积极性,从而拉近师生的情感距离,增强教师的魅力。

在课堂教学中,要鼓励学生善于发现自我、表现自我,敢于发表自己的独特见解,逐渐成为具有探索和胆识的人,在这个问题上要特别注意,教师千万不能让学生的自尊心和自信心受到伤害,否则,学生对教师就会产生不信任,甚至严重对立,抵制对他的教育。形成活跃、民主、宽松的氛围,教师才能把广博深厚的文化科学基础知识、扎实系统精深的科学知识、全面准确的教育科学知识和心理学知识,充分地展现在课堂之中。

第四,教师的人格魅力来源于对学生的信任和宽容。在课堂上不是一味地灌输,包办代替,而是把学习的主动权教给学生,让学生在探索中享受成功。教师是学生学习的指导者和引路人,从不把学生看成是知识的容器和考试的机器。相信学生的能力并想方设法锻炼提高学生的能力。教师要很少对学生说你必须这样做,应更喜欢说:想一想,你应该怎样做。在人品上教师更是给学生充分的信任,哪怕学生有过失的时候,同样相信学生有改正过失重新开始的能力。教师不只要看到学生的现在,更要关注学生的未来,从而利用现在为学生的将来打基础。教师既是学生现在的引路人,也是学生未来发展的设计师。

教师的人格魅力来源于对事业的忠诚。教师不是仅仅把教书看成是谋生的手段,而是毫无私心杂念地投身其中,以教书育人为神圣职责,并能享受到其中的乐趣。教师要以自己的真诚换取学生的真诚,以自己的正直去构筑学生的正直,以自己的纯洁去塑造学生的纯洁,以自己人性的美好去描绘学生人性的美好,以自己高尚的品德去培养学生高尚的品德。教师是最能以身作则的人。

教师的人格魅力来源于从不满足的精神,要始终用胜不骄败不馁的形象去感召学生追求卓越。在挫折和困难面前,教师是当之无愧的强者。教师不会陶醉于成功之中而不思进取，更不会沉溺于暂时失败的痛苦中不能自拔。教师会反思，并从反思中获得宝贵的经验教训，确立新的奋斗方向和目标，用勤奋和智慧浇灌出更丰硕的成果。

实践告诉我们，要想做一名成功的教师，必须首先做一个充满美好的人格魅力的人。

第二节　如何加强教师人格素质的培养

目前，通过各种教育活动来实现教师整体素质的提高，已经成为大家的共识。所以，时下，各种教育活动层出不穷，花样繁多，像校本研修、听公开课、听观摩课、课题研究等。不能不说，在某一个层面上，这些活动确实让很多教师提高了教学水平。但如果要说到这些活动能不能真正实现教师的成长（即全面素质的提升），还是值得商榷的。

在这里，有必要先弄清一个问题：教师成长的标准是什么？教师的工作是什么？教师工作的目的是什么？这是教育的一个原点问题，这个问题里蕴藏着教师的成长标准。能否最大限度地符合、适合学生的成长，应该是量定教师成长的一个基础标准。

仔细观察，我们会发现，时下所举办的各种教育活动，都只集中于一个方面：教师的教。很少有活动来关注学生的成长，关注学生的喜好，关注学生的情感，关注学生的接受力等，这是不是有悖于教育的初衷呢？

我曾经做过一个调查，调查对象是小学三年级至初中九年级的学生。调查的问题是：现在学生都喜欢什么样的教师。我将获得的各种回答归纳如下：

具有爱心，童心，自信，阳光，幽默，宽容，善于理解，坚韧不拔，爱好广泛，多才多艺，知识丰富，富有创新精神，有责任心，热爱生活，能给他们幸福感，能带领他们寻找幸福与快乐等。

如果把现在各种教育活动所培养的教师的教育能力称为"教师素质"，那么以上这些学生的要求，就应该称之为教师的"人格素质"。我们现在的情况是，教师的教师素质有所提高，但是，其人格素质却未受到应有的关注。

叶圣陶先生以为教育的目的是"造就健全的合格公民"。他还说,教育,要"以人为本,全面发展"。陶行知先生也说:"有书读的要做事,有事做的要读书。先生不应该专教书,他的责任是教人做人。学生不应当专读书,他的责任是学习人生之道。"这些伟大的教育家无一例外地把教学的最终目的理解成将学生培养成一个合格的人。而且他们都一致认为,教师以自己的言行对学生的熏陶在教育过程中的作用极大,其影响更为显著,这是显而易见的。俗话说,"有其父必有其子",这便是熏陶的作用。那么教师用什么熏陶学生呢?当然是教师的人格素质。

教师的人格素质是教育的良好基础与根本。只有在这样的主干上,各种各样的教学能力综合起来的教师素质才能得以开出鲜艳的花,结出丰硕的果。试想,如果没有良好的人格素质,一名教师要将学生教到哪里去呢?会不会落个南辕北辙、本末倒置呢?

要想把学生培养成一名合格的人,教师自己首先得是一名合格的人。一名教师,只有具备了良好的人格素质,才能真正赢得学生的喜欢,才能使自己的教师素质得到最大限度的发挥。所以,培养教师的人格素质,理应成为我们教育工作的重点。

参考文献:

1. 朱益明、秦卫东、张俐蓉:《中小学教师素质及其评价》,广西教育出版社,2000 年。

2. 闫承利:《素质教育课堂优化策略》,教育科学出版社,2000 年。

3. 吴敏、夏惠贤:《素质教育呼唤新型的师生关系》,载自《上海教育》,2000 年 9 月。

4. 谢利民:《课堂教学生命活力的焕发》,载自《课程·教材·教法》,2001 年 7 月。

5.《班主任》,2001 年第 2 期。

6. 王新军:《新时代需要新型师生关系》。